"道路交通安全智能化管控关键技术与集成示范"项目技术丛书
课题二 高速公路网运行状态智能监测与安全服务保障
关键技术研发及系统集成

跨区域大范围高速公路网协同运行控制技术

杨轸 常云涛 郑立勇
王明 周宏 陈洁 编著

人民交通出版社
北京

内 容 提 要

本书以我国高速公路网为研究对象,阐述大范围高速公路网运行的特点和面临的控制问题,介绍了我国高速公路网管控的基本方法和手段,详细论述了高速公路网的信息处理与形势研判、高速公路网匝道流入控制技术、可变信息标志(VMS)诱导控制、跨区域高速公路网 VMS 和匝道协同控制、VMS 优化布局方法及高速公路网仿真环境构建与开发等内容。

本书可作为交通工程、交通管理、交通控制、智能交通等研究方向的研究生的参考书籍,亦可供从事交通管控技术工作的控制工程师及交通工程软件开发人员参考。

图书在版编目(CIP)数据

跨区域大范围高速公路网协同运行控制技术 / 杨轸等编著. —北京:人民交通出版社股份有限公司,2024.9

ISBN 978-7-114-13925-3

Ⅰ.①跨… Ⅱ.①杨… Ⅲ.①高速公路—交通控制—研究 Ⅳ.①U491.5

中国版本图书馆 CIP 数据核字(2017)第 133961 号

Kuaquyu Da-Fanwei Gaosu Gongluwang Xietong Yunxing Kongzhi Jishu

| 书　　　名：跨区域大范围高速公路网协同运行控制技术
| 著　作　者：杨　轸　常云涛　郑立勇　王　明　周　宏　陈　洁
| 责任编辑：姚　旭
| 责任校对：赵媛媛　刘　璇
| 责任印制：刘高彤
| 出版发行：人民交通出版社
| 地　　　址：(100011)北京市朝阳区安定门外外馆斜街 3 号
| 网　　　址：http://www.ccpcl.com.cn
| 销售电话：(010)85285857
| 总　经　销：人民交通出版社发行部
| 经　　　销：各地新华书店
| 印　　　刷：北京科印技术咨询服务有限公司数码印刷分部
| 开　　　本：787×1092　1/16
| 印　　　张：9
| 字　　　数：208 千
| 版　　　次：2024 年 9 月　第 1 版
| 印　　　次：2024 年 9 月　第 1 次印刷
| 书　　　号：ISBN 978-7-114-13925-3
| 定　　　价：40.00 元

(有印刷、装订质量问题的图书,由本社负责调换)

丛书编委会名单

主任委员 吴德金

副主任委员 张劲泉　周荣峰　李作敏　胡　滨

主　　　编 李爱民　李　斌

编　　　委（按姓氏笔画排序）

　　　　　　　王　琰　牛树云　江运志　孙晓亮
　　　　　　　李　丁　李　健　李　琳　杨　轸
　　　　　　　吴明先　汪　林　沈湘萍　宋国杰
　　　　　　　张　凡　张　利　张纪升　陈　洁
　　　　　　　陈亚莉　陈宇峰　陈祥辉　周　宏
　　　　　　　孟春雷　赵　丽　郝　盛　胡　钢
　　　　　　　贾利民　龚　民　常云涛　董亚波
　　　　　　　董宏辉　路　芳　蔡　蕾　燕　科

丛书前言

自人类进入汽车社会以来,道路交通安全问题已经成为当今世界一个严重的社会问题。为了遏制道路交通事故的发生,降低道路交通事故的危害,人类做出了不懈的努力。进入 21 世纪,国际社会对道路交通安全问题愈发重视,在全球范围内掀起了提高道路交通安全性的新高潮。但是,遏制道路交通事故发生、缓解道路交通安全压力仍是一项长期和艰巨的任务。

高速公路是公路交通运输系统的"大动脉",承担了我国 70% 以上的公路运输交通量,已成为我国综合交通运输系统的重要组成部分。然而,随着高速公路的快速发展,高速公路交通安全状况不容乐观。特别是随着我国机动化进程的不断加快,机动车数量和居民人均出行量进一步快速增长,改善道路交通安全的压力和难度仍在增大。

交通安全是道路交通研究永恒的主题,科技进步和新技术应用则是解决道路交通安全问题的重要手段。由科技部、公安部、交通运输部三个部委联合组织实施的"国家道路交通安全科技行动计划"一期项目"重特大道路交通事故综合预防与处置集成技术开发与示范应用"已于 2012 年正式通过验收。项目形成了大量具有先进性和实用性的研究成果,示范效果明显,示范路网内事故数平均下降了 20.1%,重特大事故数降幅为 21.4%,死亡人数平均降幅为 27%。正是基于此,2014 年国家又启动了"国家道路交通安全科技行动计划"二期项目"道路交通安全智能化管控关键技术与集成示范",其目标是在一期项目的基础上,利用传感网、大数据研判等先进信息技术,围绕道路交通安全的主要矛盾和突出问题,打造安全、有序的高速公路交通行车环境,实现交通行为全方位有效监管,促进重点驾驶人安全驾驶行为和习惯的养成、交通秩序根本性好转,全面提升重特大交通事故的主动防控能力。

课题二"高速公路网运行状态智能监测与安全服务保障关键技术研发及系统集成"是"道路交通安全智能化管控关键技术与集成示范"项目的重要组成部分,面向国家公路网可视、可测、可控、可服务的战略需求,重点攻克并集成应用高速公路网运行状态感知与态势分析、路网运行预警与交通流组织、信息推送服务等关键技术，研发高速公路运行状态综合感知、路网运行态势分析、路网监测与安全服务保障平台等系统，研制公路传感网自组织节点设备、定向交通信息推送设备、异构系统间专用安全互操作设备等，建成协同高效的部省两级路网监测与安全服务保障平台，实现高速公路网运行状态的全时空监测，多尺度态势分析、研判、预警，跨区域协同管理和跨部门联动预警及安全信息主动推送服务。依托交通运输部公路网运行监测与服务系统工程和典型省（自治区、直辖市）公路网运行监测与服务系统工程开展示范应用，形成公路网运行监测与服务相关标准规范。

在科技部、公安部和交通运输部三个部委的高度重视和组织下，在各相关方向有专长的科研单位、大学、企业及行业管理单位等20余家单位的300余位研究人员，共同参加课题研究、示范工程建设及标准规范编制修订工作，取得了丰硕的研究成果，并通过"产、学、研、用"相结合的方式，保证研究成果达到"实际、实用、实效"的要求。本丛书是对"高速公路网运行状态智能监测与安全服务保障关键技术研发及系统集成"课题部分成果的总结，是"国家道路交通安全科技行动计划"项目的重要成果之一。本丛书涉及公路桥梁安全状态监管、路网结构分析评估、路网运行状态分析与态势推演、高速公路网交通流调度、跨区域大范围路网协同运行控制、高速公路信息服务、跨部门跨区域路网监测与服务保障平台等方面，丛书将为公路行业的运营管理及交通安全改善工作提供指导，有助于进一步提升高速公路网的监测与安全服务保障能力，具有重要的指导意义和实用价值。

本丛书在编写过程中得到了交通运输部总工程师周伟、交通运输部公路局李华、交通运输部科教司庞松、交通运输部公路科学研究院王笑京、何勇、牛开民、傅宇方等领导的鼎力支持，得到了陈国靖、马林、关积珍、张明月、王辉、左海波等专家的悉心指导，交通运输部路网监测与应急处置中心、交通运输部公路科学研究院等20余家课题参加单位领导、同人给予了大力配合，在此表示衷心感谢！书中参阅大量国内外文献，引述文献的已尽量予以标注，但难免存在疏漏，在此对各文献作者一并致谢！

交通运输部公路科学研究院
交通运输部路网监测与应急处置中心
2023年1月

前　　言

社会经济的快速发展使我国高速公路交通呈现出大规模跨区域运动的特点，由此也产生了一系列高速公路出行问题：异常天气、自然灾害以及交通事故的频繁发生给高速公路网运行带来严重的拥堵和安全问题；7座及以下小客车节假日免费通行政策的实施更是导致了高速公路短期交通需求爆发性增长。因此，研究适用于我国国情的高速公路控制技术尤为必要。

本书以我国的高速公路网为研究对象，阐述大范围高速公路网运行的特点和面临的控制问题，介绍了我国高速公路网管控的基本方法和手段，详细论述了高速公路网的信息处理与形势研判、高速公路网匝道流入控制技术、可变信息标志(VMS)诱导控制、跨区域高速公路网VMS和匝道协同控制、VMS优化布局方法及高速公路网仿真环境构建与开发等内容。

本书可作为交通工程、交通管理、交通控制、智能交通等研究方向的研究生的参考书籍，亦可供从事交通管理控制技术工作的控制工程师及交通工程软件开发人员参考。

著作者

2023年5月

目　　录

第1章　绪论　/1

1.1　我国高速公路运行管理现状 …………………………………………………… 1
1.2　国内外相关研究现状 ……………………………………………………………… 3
1.3　主要内容及概要 …………………………………………………………………… 11

第2章　大范围高速公路网的交通运行特点　/13

2.1　高速公路网交通流模型 …………………………………………………………… 13
2.2　大范围高速公路网交通运行的特点 …………………………………………… 15
2.3　突发事件及节假日大客流对路网运行的影响 ………………………………… 16

第3章　高速公路交通参数检测及运行态势分析　/20

3.1　交通参数检测方法分析 …………………………………………………………… 20
3.2　高速公路路况判别方法 …………………………………………………………… 20
3.3　高速公路网交通运行态势分析 ………………………………………………… 22

第4章　高速公路网动态分配方法　/27

4.1　交通网络分配理论 ………………………………………………………………… 27
4.2　高速公路网动态分配模型 ………………………………………………………… 28
4.3　高速公路网动态交通分配求解算法 …………………………………………… 32
4.4　考虑DTA过程的高速公路网动态OD矩阵估计算例 ……………………… 33

第5章　可变信息标志（VMS）诱导控制技术　/37

5.1　VMS使用效果调查分析 ………………………………………………………… 37
5.2　分流节点VMS诱导控制算法 …………………………………………………… 39
5.3　仿真案例分析 ……………………………………………………………………… 41

第6章　高速公路车辆流入量控制技术　/45

6.1　车辆流入量控制原理 ……………………………………………………………… 45
6.2　单点反馈控制 ……………………………………………………………………… 46
6.3　多匝道协调控制 …………………………………………………………………… 50
6.4　收费站通道控制 …………………………………………………………………… 57

第7章　高速公路网多方式协同控制技术　/61

7.1　协同控制原理 ……………………………………………………………………… 61
7.2　模型预测控制方法 ………………………………………………………………… 63
7.3　仿真案例分析 ……………………………………………………………………… 66

7.4 协同控制效率分析 75

第8章 高速公路路网控制仿真实验 /77
8.1 仿真实验简介 77
8.2 实验平台运行流程及组织架构 80
8.3 VISSIM 软件 COM 接口开发技术 82
8.4 仿真实验场景 87

第9章 高速公路网 VMS 布局优化技术 /89
9.1 VMS 优化布局技术路线 89
9.2 路网分层级预处理 90
9.3 VMS 设备布局优化建模 93
9.4 算例分析 95

第10章 高速公路网跨区域协同控制机制 /98
10.1 组织层级 98
10.2 协同联动架构与运作模式 100
10.3 公路网事件应急预案 103

第11章 跨区域大范围路网协同运行控制系统研发 /108
11.1 系统总体架构与模块划分 108
11.2 系统各模块间关系 109
11.3 系统外部接口分析 110
11.4 系统基础功能层模块设计 111
11.5 系统业务应用层模块设计 120
11.6 系统开发与功能实现 127

参考文献 /131

第1章 绪　　论

1.1　我国高速公路运行管理现状

随着我国社会经济持续快速发展,高速公路大规模建设成网。与此同时,群众交通出行结构也发生了根本变化。社会经济的快速发展使我国高速公路交通呈现出大规模跨区域运动的特点,由此也产生了一系列高速公路出行问题:异常天气、自然灾害以及交通事故的频繁发生给高速公路网运行带来严重的拥堵和安全问题;而节假日大客流、免费通行政策的实施更是导致了高速公路短期交通需求爆发性增长。以上海市为例:首轮重大节假日7座及以下小客车免费通行期间,上海市高速公路网总流量同比涨幅达到35%,共发生交通事故261起,是免费通行前的3.6倍。

笔者通过对江苏、安徽、河南三省的高速公路管理中心、管理分公司及各路段管理处的实地调研,总结得出当前高速公路管理的组织架构、信息化建设现状以及在应对突发事件、节假日大客流等情况时的管理措施。

当前,我国高速公路管理普遍采取"一路三方"的协同管理机制,即:高速公路管理方、交警方、路政方三方采取轮值牵头或交警方牵头的方式,合作应对高速公路突发事件或节假日大客流等情况。其中,高速公路管理方主要负责高速公路日常的经营收费、救援、排障及信息发布等工作;交警方主要负责实施分流、封道、强制限流及执法工作;路政方主要负责路产路权及道路周边建筑区控制等工作。图1.1为"一路三方"协同管理组织架构图。

一般情况下,对于重大交通组织方案,由三方共同审批、论证实施,采取分级管制措施（对应不同的限速、限行方案),路段事件信息最终统一报送至省级路网指挥中心,影响范围较小的事件由各路段管理处自行负责解决,大范围的突发事件由上级部门统一指挥应对。此外,各省(自治区、直辖市)之间存在跨省联络机制,如在发生大范围雨雪灾害时,会相互通报交通管制的信息,但是目前这种跨省联络机制的规范性不足,实际执行效果难以保证。

1.1.1　高速公路信息化建设现状

各省(自治区、直辖市)高速公路信息化建设主要围绕数据采集、信息发布以及平台建设三方面展开,调研中发现:

(1)当前各省(自治区、直辖市)高速公路数据采集以视频检测为主(路段上的地磁线圈基本荒废),均建立了较为完备的视频监控系统,基本能够覆盖辖区路网内的各收费站、服务区、重要枢纽及路段。

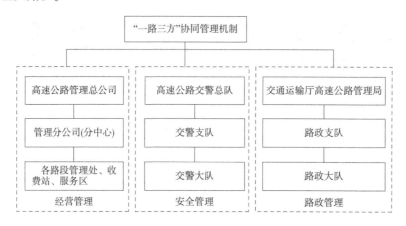

图1.1 "一路三方"协同管理组织架构

(2)可变信息标志(Variable Message Signal,VMS)是各省(自治区、直辖市)高速公路管理部门发布信息的主要设施,但存在发布形式单一、机制和规范性不明、缺乏统一的协调预案等问题,因此,当前VMS在实际交通诱导管理中的作用非常有限。

(3)各省(自治区、直辖市)均建立了较为成熟的指挥调度平台,能够实现全省(自治区、直辖市)高速公路路段视频信息接入、省(自治区、直辖市)内各收费站流量监控、运输车辆卫星定位监管等功能。各路段管理处的信息最终上报至指挥中心,由指挥中心进行汇总分析,并制定相应管理方案。

1.1.2 高速公路网应急管理措施

各省(自治区、直辖市)在应对突发事件或节假日大客流等情况时,一般将事件按照影响范围分为路段、路网及跨省(自治区、直辖市)等层面进行处理,其中:

(1)路段层面的应急管理采取匝道封闭、借助对向车道分流、入口收费站限流等措施,由各路段管理处负责,交警现场指挥,同时由VMS配合发布相应信息。但在调研中同时发现:当前路网中的VMS诱导信息以简单的文字形式发布,未对发布频率、不同内容的影响效果进行系统研究,更未能实现提前预测、提前发布;交警实施的间断放行措施,也大多依靠主观经验,缺乏科学指导。

(2)路网层面的应急管理采取通过互通枢纽往其他线路(包括高速公路和国省干道)分流的措施,由省级路网管理中心负责,制定交通流组织方案并下发至各路段管理处具体执行。

(3)跨省(自治区、直辖市)层面的应急管理由各省级管理中心负责协调,以江苏省为例,在涉及上海世博会、沪宁高速公路扩建等重大活动及项目时,需要江苏省路网管理中心与上海市各高速分公司协调,制定管理预案并共享信息。

通过调研可以发现,当前我国的高速公路管理存在诸多不足:①相较于运行管理,省级路网中心更为侧重收费管理,对路网的控制主要围绕视频监控展开,缺乏主动管理手段;

②各高速公路路段管理处基本依靠交警主观经验对车流量实施控制且对跨省界路段缺乏有效的管理机制;③路网中已有的检测设施、可变信息标志、视频卡口等功能单一,部分设备损毁比例较高且未发挥最大效能。

1.2 国内外相关研究现状

国内外对高速公路控制进行了大量的研究,主要控制手段包括路径诱导控制、车辆流入量控制、车速控制和通道控制。本书重点研究路径诱导控制和车辆流入量控制。

1.2.1 高速公路路径诱导控制

路径诱导控制是在对交通流的运行状况作出估计和分析的基础上,向出行者提供实时的推荐路径,以此达到使交通流在路网范围内合理分布的目的,控制手段包括可变信息标志、交通广播和车载导航设备等。

路径诱导控制实质上是用控制语言定义的动态交通分配问题,分为系统最优问题和用户最优问题。对于用户最优,系统保证用户所使用路径的出行费用少于不遵从信息的用户的路径费用;对于系统最优,系统保证整个路网运行指标(如车辆总运行时间)达到最小,但这样可能会造成某些用户使用非最优路径。两种最优问题都可归结为非线性最优控制问题。由于模型的非线性、高阶性以及约束条件的特异性,此类问题往往不易求解。至今,研究者已提出了许多控制方法,主要分为离散开环非线性最优控制、经典反馈控制、专家系统、神经网络、在线非线性优化等几大类。

Mammar、Papageorgiou 通过引入自动控制原理,设计了一种反馈式 VMS 控制系统,系统的控制目标是实现同一 OD 对之间各路径的行程时间均衡。其原理为:首先基于检测数据分析路网现状,通过动态交通分配得出 VMS 布设节点的最佳分流比,并根据其与检测分流比差值确定发布信息等级,继而从数据库中提取相应的信息进行发布,主要发布信息包括延误时间和推荐路径两方面。该系统在丹麦奥尔堡道路网进行了工程试验,取得了较好的控制效果,控制原理如图 1.2 所示。

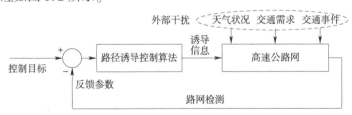

图 1.2 反馈式 VMS 诱导控制原理

此后,Mammar、Papageorgiou 在之前研究基础上,改进了反馈式 VMS 控制系统的技术细节并明确了实施控制的约束条件。在此基础上对苏格兰高速公路系统进行仿真分析,其理论方法和早期的 VMS 控制类似,没有本质的变化。

徐天东、孙立军等提出了一种基于模型预测的 VMS 诱导控制方法。将控制任务描述为一个动态的、离散的、带有约束控制变量的最优控制问题,通过在未来较长的时段内求解每一个控制周期的最优问题来实现反馈控制(求解算法为遗传算法)。仿真实例研究结果表明,预测型的 VMS 诱导控制方法能使得路网车辆总运行时间(Total Time Spent,TTS)比不控制时降低 30%,取得了良好的控制效果。

上述相关研究中,大部分将用户遵从率这一参数设定为 1。实际上,驾驶员遵从率与接收的 VMS 信息有很大的关系,研究这一问题将有助于更好地实施 VMS 控制。Chatterjee 等在欧洲六国的调研结果表明,平均有 8% 的驾驶员会根据 VMS 发布的延误信息来选择替换路径。Foo 等研究了安装在加拿大多伦多 401km 快速路缓冲区上游的 VMS 的信息发布对交通分流的影响,尽管快速路分流的比例不大,但在统计上效果显著。

徐天东、孙立军等在上海市一个典型的区域路网上,利用可变信息标志研究不同交通信息内容条件下的驾驶员动态路径选择行为。针对地面道路上一块文字 VMS 和快速路上一块图文混合式 VMS,采用陈述偏好调查法(Stated Preference survey,SP)采集交通行为数据,并用离散选择行为方法分析数据,建立了提供路径行程时间信息、交通状态信息和交通事故信息条件下驾驶员动态路径选择行为模型。分析结果表明,可变信息标志发布路径交通信息的精确性、完整性以及驾驶员的个人属性等,是影响路径选择行为的主要因素。

李萍利用 SP 调查问卷数据建立了一个基于动态信息的机动车驾驶员路径转换倾向的 Logistic 回归模型,该模型考虑了年龄、驾龄、路网熟悉程度以及 VMS 信息的准确程度等诸多因素。经过 SPSS 软件分析,得出对 VMS 信息准确度的评价、对延误的忍耐程度等是影响驾驶员路径选择行为的主要因素。

邵春福等针对北京市道路 VMS 的信息服务情况,结合 SP 调查,分析 VMS 交通信息服务对驾驶员路径选择行为的影响因素,建立了诱导条件下驾驶员路径选择行为多元 Logit 模型,并利用调查数据对模型参数进行估计。结果表明,多元 Logit 模型能够反映驾驶员在有 VMS 情况下的路径选择行为,预测交通流率与实测交通量呈现相同变化趋势,且平均预测误差小于 10%,造成误差的原因在于 SP 调查中得到的比例数据是出于驾驶员的意愿表示,在实际情况下驾驶员不一定按照调查意愿作出相应选择行为。

针对 SP 调查方法存在的问题(高估驾驶员对交通信息的实际反应、不可能包括所有有价值属性的考虑等),徐天东、郝媛、孙立军提出一种利用实测宏观交通数据定量分析群体诱导信息下驾驶员路径选择行为的新方法,利用上海市快速路监控中心和路由控制示范工程数据库的交通数据,重构可变信息标志信息下的交通出行场景,分析 VMS 信息作用下驾驶员路径选择行为,建立了一个集计的群体诱导信息响应行为 Probit 模型。结果表明,驾驶员在 VMS 信息影响下的路径选择行为除了和信息内容有关外,还与时段、下匝道交通状态、拥挤状况可视性、有无协调分流等因素有关。

在研究 VMS 发布信息对驾驶员路径选择比例影响的基础上,许多学者聚焦于如何根据检测得到的驾驶员路径选择比例改变 VMS 发布信息的内容,更好地提升 VMS 诱导控制的效果,如徐天东提出的根据驾驶员实际路径选择比例实时调整 VMS 发布信息内容的方法,在上海市内环至中环武宁路段的 VMS 诱导工程中得到应用;Srinivas Peeta(2010)等提出的将动态交通分配、驾驶员路径选择比例检测以及 VMS 信息发布集成为一体的控制策略,在印第安纳州波尔曼市快速路 VMS 诱导工程中得到成功应用。

1.2.2 高速公路车辆流入量控制

车辆流入量控制是高速公路管理控制的重要手段之一,它能直接对高速公路主线交通流状态进行调节,避免和缓解交通拥挤,加快拥挤的消散。其中,入口匝道控制是应用最广泛也最有效的一种缓解高速公路拥挤的控制形式。它是指利用匝道信号灯调节车辆进入高速公路主线的流率,以提升高速公路的局部或整体的效能,局部匝道控制通过缓解交织区拥堵,减少路肩车道排队,进而达到提高通行能力、减少事故的目的;多匝道协调控制通过对路网状态的判别,从系统全局的角度,合理协调各入口匝道的通过率,以此应对突发事件或交通需求激增导致的路段拥堵,提高路网整理运行效率。此外,匝道控制还有降低空气污染、降低高速公路短途交通比例等诸多效益。

国内外关于匝道控制的相关理论研究和工程应用已较为完备成熟,依据控制范围可将其分为单点控制与协调控制;依据控制方式可分为开环控制、闭环控制及智能控制。图 1.3 所示为匝道控制理论研究体系。

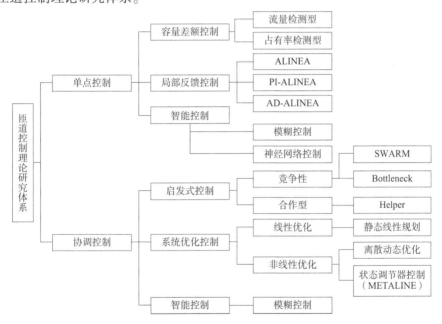

图 1.3 匝道控制理论研究体系

1) 单点控制

单点控制策略取决于控制区域的局部交通状态,如交通量、交织区占有率、行程车速以及上匝道排队长度等。常见的策略包括需求-容量差额控制,占有率控制、ALINEA 控制及其各种改进策略(PI-ALINEA、AD-ALINEA),此类方法相当于开环控制,由于缺少反馈机制,系统抗干扰能力较差。

Papageorgiou 于 20 世纪 90 年代提出了 ALINEA 控制方法并发表了一系列研究成果,该方法利用经典反馈控制理论,通过调整匝道流入率,使得其下游主线的密度/占有率尽量维持在理想状态,其控制原理如图 1.4 所示。

其中,q_{in} 及 q_{out} 分别代表进入匝道上游流入交通量及下游驶离交通量,$r(k)$ 代表 k 时刻

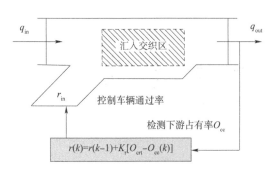

图1.4 单点匝道控制示意图

入口匝道调节率,r_{in}为对应汇入主线交通量,O_{cc}为下游检测占有率,O_{crt}为设定的最佳占有率,K_r为对应的增益系数。

由于使用了反馈机制,ALINEA在交通拥堵程度不严重时能够取得很好的控制效果,且策略中只需设置增益系数K_r及最佳占有率O_{crt}两个参数,易于实施,然而ALINEA控制策略也存在几点明显的缺点:

(1) ALINEA控制未考虑上匝道车辆的排队长度限制,在交通拥堵程度较为严重时,易导致排队溢出,影响地面交通;

(2) 最佳占有率参数O_{crt}并非定值,会受到时段、天气等诸多外部干扰因素的影响,若采取定值易导致控制效果下降;

(3) ALINEA控制中只检测交织区临界下游车道占有率O_{cc}(一般检测器设置匝道下游100m处),若在距离匝道较远的下游区域发生交通拥堵,则无法采取有效的控制策略。

针对以上问题,相关学者提出了一系列的改进型ALINEA控制策略:杜豫川、孙立军等通过分析上海内环武夷路上匝道的实际情况,运用ALINEA算法,在附加考虑匝道排队长度限制的基础上进行离线模拟,发现采用入口匝道控制后,主线速度得以提高,同时匝道流量的脉冲性得到了一定程度的平滑;Emmanouil Smaragdis等提出的AD-ALINEA策略通过引入最佳占有率预测模块,对O_{crt}的值进行动态调整,提高了控制系统的抗干扰能力;Markos Papageorgiou等提出的PI-ALINEA控制策略则通过累计下游车道占有率的变化,提前预测下游较远区域的交通状态变化,及时调节匝道调节率。总体而言,以ALINEA为代表的单点反馈控制策略,具有抗干扰能力强以及易于实施等优点,故在全世界得到广泛应用。

2)启发式控制

启发式控制是基于管理者经验的一种控制方法,采取局部与整体相协调的方法对控制区域各匝道进行控制:在局部层面,采取包括ALINEA控制在内单点控制策略;在整体层面,根据经验设定得到匝道调节率,并将其与单点控制得到的调节率进行协调。启发式控制可进一步分为合作型(Helper、Linked-ramp)和竞争型(SWARM、Bottleneck)。

以Helper为代表的合作型控制策略首先对各匝道实施单点控制,如果某一匝道的排队长度超过限制,则系统将其视为关键匝道,并根据设定的分配权重,将对应的流入量限制指标依次分配给上游各匝道,由此达到缓解关键匝道排队长度蔓延的目的。该方法首先在美国丹佛市I-25高速公路实施,取得了较好的控制效果。

竞争型控制策略分别从局部和整体两个层面计算匝道调节率,并选择更小的调节率进行实施,以Bottleneck控制策略为例,它在局部层面采用占有率控制法得到每个匝道的调节率;在整体层面计算需要限制进入拥堵路段的交通量,并按照设定的权重分配至上游各个交叉口,其原理如图1.5所示。

其中,$Q_{re}(i,k+1)$为拥堵路段i上游影响范围内各相关匝道流入交通量的下降总量;$R_{re}(i,j,k+1)$为拥堵路段i上游对应匝道j的流入交通降低量;F_{ij}则为拥堵路段i上游各关

联匝道 j 的交通量分配系数。

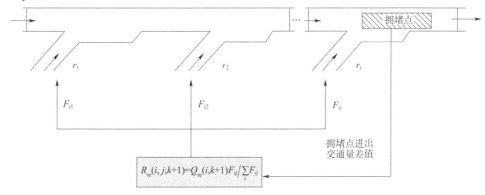

图 1.5　Bottleneck 控制方法原理

由此可见,启发式控制方法的优点在于模型相对简单,易于实际应用,尤其适用于主线交通拥挤的控制;同时,启发式算法在局部层面具备一定的反馈机制,利于保持系统稳定。美国西雅图 I-5 高速公路在 20 世纪 90 年代初采用 Bottleneck 法进行匝道协调控制,取得了非常好的控制效果。但启发式控制方法的缺点在于:

(1)控制策略中的权重参数需要按照经验设定,对控制效果的准确性会产生一定影响;

(2)不存在预测机制,易造成由时滞导致的控制误差;

(3)该方法不存在最优控制目标,理论上达不到系统最优。

3)系统优化控制

系统优化控制相较于启发式控制的最大区别在于,前者充分考虑了路网交通需求且具有明确的优化目标(一般采取路网车辆总运行时间、总行驶里程或多种组合的形式作为优化目标),常见的系统优化方法包括静态线性控制、状态调节器控制(METALINEA)以及离散非线性控制等。

Wattleworth 于 1965 年首先应用线性规划方法(Linear Programming,LP)求解各匝道的最优调节率,该方法将匝道控制视为带约束的资源分配问题,静态控制方法是在 20 世纪 60 年代缺乏现代交通检测技术和计算机技术背景下,基于数学规划理论发展起来的,在此之后出现了许多 LP 模型的改进形式,主要是对模型中的目标函数和约束条件进行调整或补充,如 Wang 在 1973 年提出的 LP 控制方法、Papageorgiou 在 1980 年提出的分时段 LP 控制方法以及杨晓光在 1996 年提出的考虑"时间滞"的 LP 控制方法。LP 控制及其改进型具有逻辑简单、易于应用等优点,但灵活性很差且不能针对实时检测信息进行响应,在交通需求水平较高的情况下,交通流呈现出很强的非线性;此外,LP 控制不能满足控制所需的精度,这是 LP 模型固有的缺点。

状态调节器控制主要是指线性二次型(Linear Quadratic,LQ)反馈控制,其基本思路是将匝道控制视为一个状态调节器,将理想状态附件的系统状态以及控制模型均设为线性函数,性能指标为系统状态和控制变量的二次函数,一般以系统实际状态与理想状态之间的偏差量之平方和最小为目标函数,求解匝道调节率。以 Papageorgiou(1990)提出的 METALINEA 方法为例,其基本模型如下:

$$\vec{r}(k) = \vec{r}(k-1) - \vec{K}_1[\vec{o}(k) - \vec{o}(k-1)] - \vec{K}_2[\vec{O}(k) - \vec{O}_d] \qquad (1.1)$$

式中：$\vec{r}(k)$ 为在第 k 个单位控制时段内的匝道调节率向量；$\vec{o}(k)$ 为第 k 个单位控制时段内主线重要路段占有率向量；$\vec{O}(k)$ 为第 k 个控制时段内受控匝道下游主线路段占有率向量；$\vec{O}_d$ 为受控匝道下游主线路段期望占有率向量；$\vec{K}_1$ 及 $\vec{K}_2$ 为反馈增益矩阵。METALINEA 控制方法的优点在于包含反馈机制，可减少系统误差和干扰，适合于在预先设定的系统理想状态附近控制，该方法在美国、法国及荷兰等国得到应用；但是另一方面，METALINEA 控制的反馈增益参数需要依据经验事先设定，如果交通需求波动较大，系统发生了强烈扰动，则可能使系统状态远离理想状态，导致控制失败。

Kotsialos 在 20 世纪 90 年代提出了离散非线性控制方法，该方法是最优控制理论在高速公路匝道控制中的直接运用，其实质是在给定系统状态变量 $x(k)$（速度、密度、上匝道排队长度）的初值和系统扰动 $d(k)$（交通需求）的先验信息的情况下，确定最优控制序列 $u(k)$（匝道调节率）使得被控系统：$x(k+1)=f[x(k),u(k),d(k),k]$（$k=1,2,\cdots,K$）在满足约束条件：$H[x(k),u(k),d(k)] \geq 0$ 的情况下，性能指标：$J = \theta[x(K)] + \sum_{k=0}^{K-1}\phi[x(k),k]$ 最优。在此基础上，Papageorgiou 等（2010）开发了 AMOC（Advanced Motorway Optimal Control）系统，可以根据优化目标求解上述离散非线性控制模型，如图 1.6 所示。

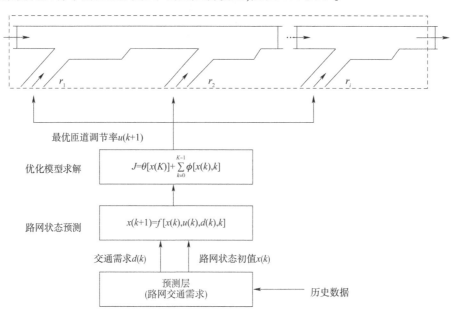

图 1.6 AMOC 系统原理

离散非线性控制方法的缺点也比较明显：
(1) 模型过于复杂，求解过程较为烦琐，并可能产生无最优解或无法收敛的情形；
(2) 开环控制的控制效果依赖于交通需求信息和路网状态信息的预测精度，且不具备反馈机制，除非能精确预测出系统状态，否则开环控制无法达到理想的控制结果；

(3) 当前采用的动态交通流模型难以准确描述复杂的、大规模的高速公路网交通流运行特征,直接影响其控制效果。

针对以上问题,Papamichail,Kotsialos 等提出了一种基于预测模型的分层多级控制系统,分为预测层、优化层和控制层,系统同时采用了滑动窗技术,对路网状态进行循环更新,并使得预测周期大于实际控制周期,有效弥补了开环控制的不足,提高了系统的稳定性。基于预测模型的分层多级控制系统控制原理如图 1.7 所示。

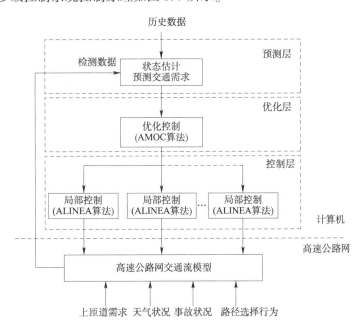

图 1.7 基于预测模型的分层多级匝道控制原理

预测层主要通过检测数据和历史数据对路网状态进行预测,优化层采用 AMOC 方法(核心是离散非线性优化模型)对各匝道控制目标进行初步设定,并最终通过控制层实施具体调节措施(局部控制采用 ALINEA 算法)。分层多级控制相较于 AMOC 算法的优点在于:在预测不准确的情况下依然能够保证较好控制效果,具有较强的鲁棒性。但是该系统控制逻辑复杂、需要较为准确的检测数据和完备的软硬设施支持,目前的研究也大多停留在仿真实验阶段,未能得到广泛应用。

4) 智能控制方法

Taylor C、Zhang 等将模糊控制和人工神经网络等智能算法运用于单点动态匝道控制中,并取得了一定的成果。如图 1.8a) 所示,匝道模糊控制的原理即将交通状态简化为模糊集(如划分为"拥挤""较拥挤""正常""比较畅通""畅通"等五个状态)并选取与其对应的交通流参数(如平均速度),构造隶属度映射关系及模糊控制规则,并以此决定最终的控制量(匝道调节率)。

匝道神经网络控制的原理,即利用历史数据训练神经网络,使其能自主学习不同交通状态下对应的匝道调节率,其原理如图 1.8b) 所示。采用模糊控制的问题在于其参数的选取依靠设计者的经验,在实际应用中根据不同的交通状况进行调整较为困难;神经网络控制虽然能够根据实际交通状态进行在线学习,但是由于缺乏一定的定性知识,所以学习时间较长,不能满足匝道控制实时性需要。

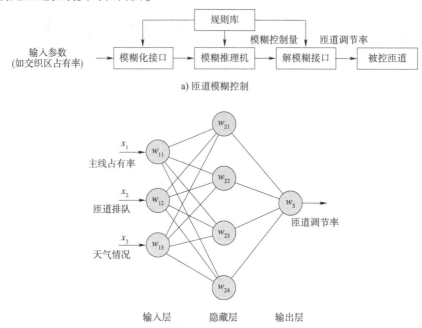

图 1.8 匝道智能控制方法

匝道智能控制其他相关研究围绕目标函数、约束条件、寻优算法、交通需求估计和状态预测方法等进行深入探讨;如 Wei 和 Wu 以及 Zhang 分别对神经网络寻优算法进行了探讨,但由于这类方法大多处于理论研究阶段,实际应用较少。

表 1.1 总结了经典的匝道控制算法,并从工程可实施性的角度比较了各自的优缺点。

典型匝道控制方法工程可实施性对比 表 1.1

匝道控制算法	类型	算法特点	工程可实施性
容需差额控制	开环单点控制	算法简单、不存在反馈机制,抗干扰能力较差	易于实施
ALINEA 控制	闭环单点控制	算法稳定性较好,但需要考虑匝道排队长度限制以及最佳占有率设定等问题	易于实施
Helper 控制	闭环协调控制	需考虑关键匝道上游各匝道减少流入量的分配权重,无明确优化目标,无法达到系统最优	易于实施
Bottlencek 控制	闭环协调控制	需考虑拥堵点上游各匝道减少流入量的分配权重,同样无明确优化目标,无法达到系统最优	易于实施
METALINEA 控制	闭环协调控制	交通需求出现较大波动时算法控制效果难以保证	较难实施
AMOC 控制	开环协调控制	需对路网交通需求及初始状态进行精确预测,并构建复杂的路网交通流模型,理论上能达到系统最优	难以实施

续上表

匝道控制算法	类型	算法特点	工程可实施性
分层多级控制	开环协调控制	需对路网状态进行实时检测及短期交通需求进行准确预测,理论上能达到系统最优,但硬件条件要求高	难以实施
模糊控制及神经网络控制	智能控制	需大量数据作为模糊规则制定及神经网络训练输入,控制参数需要依据管理人员经验设定,实施难度大	难以实施

1.2.3 高速公路多方式协调控制

对于单独的一条线性高速公路,可通过匝道协调控制来实现其运行效果的最优,但是对高速公路网而言,各线性高速公路之间通过互通立交连为一体,任何一条道路交通状态的变化都会影响到其他道路控制策略的变化。为实现整个路网的协调运行,需要将 VMS 诱导控制和匝道控制综合考虑,实现多方式协调控制。

Hai Yang 等早在 1994 年即对 VMS 及匝道协调控制进行过研究,但其只针对静态 OD 需求的路网,故该方法不适用于动态控制。

Kotsialos、Papageorgiou 等针对系统最优采用最优控制理论建模求解,该方法将 VMS 控制和匝道控制看作同级别的控制变量,并在整个交通需求时间范围内寻求 VMS 分流比和匝道流入率的最优序列。仿真结果表明,在考虑匝道排队约束的情况下,协调控制模型控制效果更佳,但是该方法无反馈机制,而且对于规模较大的路网,计算量极大,控制的实时性和实用性难以保障。

常云涛将整个路网分解为相互连接的线性高速公路,建立以线性高速公路控制为基础、路由控制为指导的双层路网控制模型。上层是路网级的 VMS 诱导控制,下层则是线性高速公路的匝道协调控制。VMS 诱导控制依据一定的准则确定交通流在路网中各条高速公路上的分配,由路网节点流量关系确定各条高速公路流量输入输出的边界值约束,以此为基础执行各条高速公路的匝道协调控制,进而完成对整个路网的控制。

徐天东、郝媛、孙立军在 Papageorgiou 模型思想的基础上将网络交通流模型、匝道控制模型、基于可变信息标志的路径选择模型等整合为一体,建立了城市快速路交通诱导和匝道控制集成仿真模型。与各种边界条件相结合,测试了匝道控制和路径诱导的控制效果,取得了不错的效果。但是该集成控制方法并未进行匝道协调控制且仿真测试路网规模较小。

总体而言,高速公路控制的相关理论研究较为成熟,但普遍存在的问题是所考虑的路网规模较小且大多采取数值仿真的方式对控制策略进行评价,难以精准地描述复杂的高速公路交通流的变化过程。随着检测技术和仿真技术的进步,采取数据标定与软件仿真相结合的控制策略评估方式将成为新的研究方向。

1.3 主要内容及概要

本书正是基于以上背景,以我国高速公路网作为研究对象,阐述大范围高速公路网运行的特点和面临的控制问题,介绍了我国高速公路网管控的基本方法和手段,详细论述了高速公路网的信息处理与形势研判、高速公路网匝道流入控制技术、VMS 诱导控制、跨区域高速公路网 VMS 和匝道协同控制、VMS 优化布局方法及高速公路网仿真环境构建与开发等内容。

具体的研究内容包括以下几个方面:

(1)大范围高速公路网的交通运行特点分析。

介绍了经典的高速公路交通流数学模型,并对高速公路的交通流运行特征进行了分析,重点介绍了大范围高速公路网在突发事件及节假日大客流条件下的交通运行特征。

(2)高速公路交通参数检测及运行态势分析。

介绍了各类交通数据的特征,并对它们应用于高速公路管理控制的适用性进行了比较分析,介绍了几类经典的高速公路路况判别方法。

(3)高速公路网动态网络加载(DNL)技术。

介绍动态网络加载模型。动态网络加载是在路径选择完成之后将交通量按照动态的路径选择比例加载上网的过程,通过这一过程可以获取路段流量、路段行程费用和路径行程费用。

(4)可变信息标志诱导控制方法。

介绍分流节点可变信息标志诱导控制方法,选取视频检测数据作为本研究的数据源并构建车牌匹配算法,在此基础上通过动态交通分配计算分流节点最优分流比,同时对 VMS 发布信息的用户遵从率进行分析。

(5)车辆流入量控制方法。

介绍车辆流入量控制方法,包括匝道控制及收费站通道控制两方面;通过车牌匹配算法可获取区域高速公路网的交通需求信息,并在此基础上对路段层面的常发性拥堵采取匝道控制方法(包括单点控制及协调控制);对路网层面的交通需求激增采用基于模型预测的收费站通道控制方法。

(6)区域高速公路网多方式协调控制方法。

介绍了将 VMS 诱导控制、匝道控制及收费站通道控制等多种方式相结合的协调控制方法;通过对关键分流节点实施 VMS 诱导控制,将区域高速公路网拆解为若干线性高速公路并确定边界流量,对各线性高速公路采取匝道控制及收费站通道控制等方法,从路网及路段两个层面对路网运行状态进行调节。同时,针对突发事件及节假日大客流两种引发高速公路拥堵的典型因素,通过 VISSIM 二次开发技术构建相应仿真场景,对控制方法效果进行评价。

(7)高速公路网 VMS 布局优化技术。

介绍高速公路网 VMS 布局优化技术,实现在有限的资金约束下确定 VMS 的最优分布点,使有限的 VMS 发挥最大的效用。

(8)高速公路管理控制仿真实验技术。

介绍基于 VISSIM 仿真软件的高速公路控制评估方法,包括研究如何通过数据库实际数据对仿真路网进行参数标定、检测仿真路网参数、嵌入控制算法并获取评价指标等,在此基础上通过 C#语言研发基于 VISSIM 软件二次开发技术的高速公路协同管理控制仿真实验平台。

第 2 章 大范围高速公路网的交通运行特点

2.1 高速公路网交通流模型

本章介绍经典的离散非线性交通流模型,用于描述高速公路网交通流运行:通过有向图表示高速公路网,线段代表路段,节点则位于收费站、互通立交或者道路线形发生明显变化的位置,在此基础上构建的交通流模型包括交通密度方程、路段流入流出量方程、流量-速度-密度方程、入口排队方程以及收费站通道控制方程。

(1)交通密度方程。

由路段流量守恒方程容易得到如下交通密度传递方程:

$$k_{ij,t+1}^a = k_{ij,t}^a + (u_{ij,t}^a - v_{ij,t}^a)\frac{\Delta t}{\Delta a n_a} \tag{2.1}$$

式中:Δt——时间序列;

$k_{ij,t}^a$——时段 t 中 OD 对 i,j 之间的流量在路段 a 上的密度;

$u_{ij,t}^a$——时段 t 中 OD 对 i,j 之间的流量在路段 a 上的流入量;

$v_{ij,t}^a$——时段 t 中 OD 对 i,j 之间的流量在路段 a 上的流出量;

Δa、n_a——路段 a 的长度和车道数。

(2)路段流入流出方程。

路段 a 的流入流出量方程如下:

$$u_{ij,t}^a = \begin{cases} r_{ij,t} \\ v_{ij,t}^{a-1} \end{cases} \tag{2.2}$$

式中,$r_{ij,t}$ 代表时段 t 中 OD 对 i,j 中收费站 i 的流入量(起点流量),而路段的流出流量就等于该路段的流量,可得:

$$v_{ij,t}^{a-1} = f_{ij,t}^a \tag{2.3}$$

式中,$f_{ij,t}^a$ 代表时段 t 中 OD 对 i,j 之间的流量在路段 a 上的分布流量。

(3)流量-速度-密度方程。

速度-密度方程采用修正的 Greenshields 模型:

$$w_t^a = (w_{\text{free}}^a - w_{\text{min}}^a) \cdot \left[1 - \left(\frac{k_t^a}{k_{\text{jam}}^a}\right)^\alpha\right]^\beta + w_{\text{min}}^a \tag{2.4}$$

式中:w_t^a——时段 t 内路段 a 的车速;

w_{free}^a、$w_{\min}^a$——路段 a 的自由流车速和拥挤状态的最小车速;

k_t^a——时段 t 内路段 a 的密度;

k_{jam}^a——路段 a 的阻塞密度;

α、β——模型参数。

由交通流的基本关系模型,可以建立如下的流量、速度、密度的关系方程(式中 q_t^a 为 t 时刻路段 a 的流量):

$$f_{ij,t}^a = k_{ij,t}^a \cdot w_t^a \cdot n_a \tag{2.5}$$

$$q_t^a = \sum_i \sum_j f_{ij,t}^a \tag{2.6}$$

(4)入口排队方程。

入口 i 在 t 时刻的排队长度 $l_{i,t}$ 可通过如下方程推导:

$$l_{ij,t+1} = l_{ij,t} + (d_{ij,t} - r_{ij,t}) \cdot \Delta t \tag{2.7}$$

$$l_{i,t} = \sum_j l_{ij,t} \tag{2.8}$$

$$l_{ij} \leq l_{\max i} \tag{2.9}$$

式中,$l_{i,t}$ 是 t 时刻入口 i 的排队长度(排队车辆数);$d_{ij,t}$、$r_{ij,t}$ 是时段 t 的 OD 对 ij 间的交通需求和相应的汇入主线的流量;$l_{\max i}$ 是入口 i 的排队限制。

从宏观角度而言,入口 i 对应的 OD 对 ij 之间的流入率 $r_{ij,t}$ 应与该入口的总流入率成比例关系:

$$r_{ij,t} = \frac{d_{ij,t} \cdot \Delta t + l_{ij,t}}{\sum_j d_{ij,t} \cdot \Delta t + l_{ij,t}} \tag{2.10}$$

入口流入率不应该超过实际交通需求所能产生的最大流入率,因此,$r_{i,t}$ 还应满足如下关系:

$$r_{i,t} \leq \sum_j (d_{ij,t} + l_{ij,t}/\Delta t) \tag{2.11}$$

同时,流入主线的流量还要受到主线交通密度的物理限制,因此,还存在如下约束关系:

$$r_{i,t} \leq r_{i,\max} \cdot (k_{i,\text{jam}}^a - k_i^a)/(k_{i,\text{jam}}^a - k_{i,\text{icr}}^a) \tag{2.12}$$

式中:$k_{i,\text{jam}}^a$、$k_{i,\text{icr}}^a$——与收费站 i 相连的路段 a 的拥挤密度和临界密度。

(5)收费站通道控制方程。

收费站通道控制通过调节入口收费站的开放通道数,控制汇入主线车流量,保证路网通行效率,如图 2.1 所示。

收费站 i 在 t 时刻的流出交通量 $q_{i,t}$(veh/h)可由如下方程推导:

$$\text{cap}_{i,t} = u_{i,t} w \tag{2.13}$$

$$q_{i,t} = \begin{cases} r_{i,t}, & r_{i,t} \geq \text{cap}_{i,t} \\ \text{cap}_{i,t}, & r_{i,t} < \text{cap}_{i,t} \end{cases} \tag{2.14}$$

式中:$\text{cap}_{i,t}$——收费站 i 在 t 时刻的通行能力;

$u_{i,t}$——开放的通道数目;

w——每条收费通道的通行能力[veh/(ln·h)]。

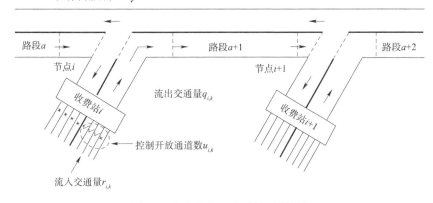

图 2.1 高速公路入口收费站通道控制

式(2.13)表示当 t 时刻收费站 i 通行能力 $cap_{i,t}$ 大于等效交通需求 $r_{i,t}$ 时,流出交通量与等效交通需求量相等;反之,如果等效交通需求大于通行能力时,流出交通量与收费站通行能力相匹配。

2.2 大范围高速公路网交通运行的特点

由于高速公路具有全封闭、全立交、车辆分方向分车道行驶、受外界干扰因素小、车速快等特点,其交通流呈现如下几点特征:

(1)高速公路连续流车速分布一般属于正态分布,15%位车速为 50~60km/h,中位车速为 85~90km/h,85%位车速为 95~100km/h。

(2)高速公路由于存在大量大型车辆通行,混合车流的流量、密度、速度关系需通过混合车流调整系数进行修正,系数的值随车型比例变化而变化。

(3)高速公路交通拥挤可分为常发性交通拥挤和偶发性交通拥挤,常发性交通拥挤是指交通需求大于道路上固定瓶颈处的通行能力时发生的交通拥挤现象,通常用来描述在某些特定位置和某些特定时间反复出现的交通拥挤;而偶发性交通拥挤是指交通需求大于道路上临时瓶颈处通行能力时产生的交通拥挤现象,用来描述诸如事故、天气等突发交通事件造成的道路实际通行能力下降而引起的交通拥挤。两种拥挤现象的交通参数变化过程不同。

(4)目前我国对高速公路交通状态一般都用服务水平来评价。服务水平是指道路使用者根据交通状态从速度、行驶时间、驾驶自由度、交通间断、舒适、方便等方面所得到的服务程度,车速、流量和占有率是目前评价交通状态最常用的三个参数。我国高速公路服务水平目前分为四个等级,各级服务水平对交通流运行状态的描述如表 2.1 所示。

各级服务水平对交通流运行状态描述　　　　表 2.1

服务水平	交通状态	状态描述
一级	畅通	交通量小,行驶车辆速度高,驾驶员能自由地选择行车速度,行驶车流不受或基本不受交通流中其他车流的影响,交通流处于自由流状态,被动延误少,为驾驶员和乘客提供的舒适便利程度高

续上表

服务水平	交通状态	状态描述
二级	较畅通	行驶车辆受其他车辆干扰较大,驾驶员选择速度的自由度受到一定的限制,交通流状态处于稳定流的中间范围,有拥挤感。到二级下限时,车辆间相互干扰较大,开始出现车队,被动延误增加,为使用者提供的舒适便利程度下降
三级	较拥挤	驾驶员选择车辆运行速度的自由受到很大的限制,行驶车辆受其他车辆干扰很大,交通流处于稳定流的下半部分,并已经接近不稳定流范围,流量稍有增长就会出现交通拥挤现象,服务水平显著下降。所受的限制已到驾驶员所允许的最低限度,但可通行的交通量尚未达到最大值
四级	拥挤	行驶车辆受其他车辆干扰非常大,交通流处于不稳定状态,靠近下限时每小时可通行的交通量达到最大值,驾驶员已无自由选择速度的余地,交通量若稍有增加或者出现较小的扰动,就会出现交通拥挤,服务水平显著下降。交通流变为强制状态,能通过的交通流很不稳定,交通量与速度同时由大变小,直到零为止,交通密度则随交通量的减小而增大

2.3 突发事件及节假日大客流对路网运行的影响

2.3.1 突发事件对路网运行影响

高速公路突发事件,是指由于自然或人为的诱因,使得高速公路原有的正常运营功能减弱甚至丧失,对人民生命财产和社会生活造成灾难性后果的事件,如交通拥挤、堵塞以及交通事故等。其中波及面广、危害程度大、难以在短期内得到控制的事件,称为重大交通突发事件。高速公路突发事件的定义,通常具有结构和心理两方面的含义,其结构概念侧重于突发事件现象的客观方面,而心理概念则侧重于危机感知的主观方面。从系统角度来看,突发事件是一种改变或破坏系统当前平衡状态的现象,可能使一个或若干关键系统变量发生变化;从时间角度来看,突发事件一旦发展成危机,将是一种具有长远影响结果的失稳现象,会导致新的不稳定;从事件处理的角度讲,突发事件可以被定义为一种决策形势,此时社会利益受到威胁,意外事件或不确定前景造成高度的紧张和压力,而作出重大决策和反应的时间相当有限。

更具体地,高速公路突发性事件多指由于突发交通事故而造成的交通类事件,一般包括严重的突发性事件,如重大的交通事故致人伤亡、损失严重等,以及非严重的交通事故,如剐蹭等未致人损伤。追尾、撞护栏、翻车、自燃、停电、剐蹭、恶劣天气等构成了突发事件的主体,其中撞击高速公路基础设施,包括护栏、蘑菇桶、路肩、安全岛等;停电主要指隧道由于不可控原因导致停电;翻车包括碰撞、侧翻等原因造成的车辆翻转;恶劣天气指由于大雪、大雾等天气造成车辆制动能力下降、能见度较低从而导致交通事故。

突发事件发生的时间和地点是随机的,具有不可预测性,一旦发生将严重干扰交通流的正常运行,降低道路的通行能力,继而引发交通事故或者二次事故,且往往会导致高速公路的长时间拥堵。

交通事故从发生到处理完直至拥堵消散平均时间为2h,考虑不利因素,取3h,并假定行车道全部被占用。根据不同服务水平下的交通流特点,计算3h影响距离,如表2.2所示。

不同服务水平下拥堵影响范围　　　表2.2

服务水平	饱和度	车速(km/h)	密度[pcu/(km·ln)]	流量[pcu/(h·ln)]	3h上溯距离(km)
一	0.56	94	12	1128	26.3
二	0.79	86	19	1634	39.4
三	0.94	73	26	1898	49.9
四	0.99	48	42	2016	53.1

以路网密集的江苏省为例,假定突发事件发生在苏北枢纽,当前道路服务水平为三级,则有需要参与协调的高速公路网位于时间点上游50km范围内,见图2.2。

图2.2　50km影响范围

2.3.2　节假日大客流特点及对路网运行影响

节假日,特别是7座及以下小客车免费通行条件下对高速公路路网运行造成巨大压力。以G40沪陕高速公路、G2京沪高速公路、G15沈海高速公路及S38沿江高速公路所围成路网为例(图2.3),江阴大桥和苏通北大桥为通往上海市区方向的重要交通要道,S38沿江高速公路在节假日期间交通流量较大,易发生交通拥堵。

图 2.3 路网示例

2016 年"五一"假期第一天(4 月 30 日),苏通大桥由南往北的车辆数远超过由北往南的车辆数;假期最后一天(5 月 2 日),由北向南行驶的车辆数则超过由南往北的车辆数,该现象可能与假期初始阶段大量车辆驶离上海市区而假期结束后集中返回市区的行为特征有关(图 2.4)。

图 2.4 苏通大桥收费站"五一"假期车流量统计

图 2.5~图 2.7 所示分别为仿真区域部分收费站往上海市区方向的车流量统计情况(2016 年 5 月 2 日 00:00—23:00,每 5min 统计一次)。

据统计,5 月 2 日当天,仿真区域内共发生有记录交通事故 29 起,交通拥堵 7 次,最长缓行距离长达 19km。仿真结果也说明,部分收费站交通量较大,会对高速公路网造成较大压力。

第2章 大范围高速公路网的交通运行特点

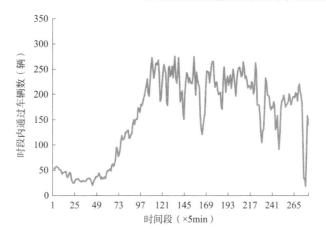

图 2.5 江阴大桥收费站交通量

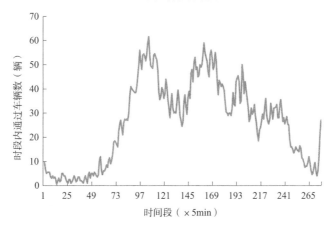

图 2.6 华西收费站交通量

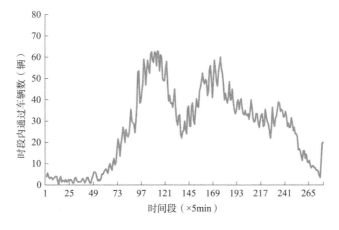

图 2.7 张家港收费站交通量

第3章 高速公路交通参数检测及运行态势分析

3.1 交通参数检测方法分析

相较于城市快速路,城际高速公路具有路网稀疏、出入口间距远、客货车比例高等特点,其交通需求特征也与城市快速路交通需求特征有着很大区别。因此,选取适用于高速公路的数据检测方法是对其实施控制的基础。

表 3.1 总结了各类常见检测方法的特征及适用性。

常见交通数据检测方法特征比较　　　　表 3.1

数据来源	检测参数(√可以检测　×不能检测)				适用性分析
	流量	占有率	速度	轨迹	
地磁线圈	√	√	√	×	损毁比例较高且不能直接提供路网的交通需求数据(OD矩阵),不适用于城际高速公路
微波雷达	×	×	√	×	测量地点车速较为准确,适用于超速检测,不适用于其他交通流参数检测
GPS 数据	×	×	√	√	能够反映路段的平均行程车速,并提供车辆行驶轨迹,但受限于车载全球定位系统(Global Positioning System,GPS)的安装率,不适用于流量、占有率等参数的准确测定
收费数据	×	×	×	×	能够提供路网交通需求数据,但不适用于其他交通流参数检测
视频检测	√	×	√	×	能够提供检测断面流量、地点车速等数据,可推测出路网交通需求,适用于大范围路网数据检测

由表 3.1 可以得出:视频检测方法能够提供包括地点车速、断面流量在内的交通流检测数据。同时,通过车牌匹配算法能够推测出路网的交通需求,制定基于历史数据的管控预案。此外,当前我国高速公路视频检测设备覆盖率相对较高,且配套的数据存储、分析处理技术较为成熟,具备了利用视频检测数据进行路网管理控制的条件。

3.2 高速公路路况判别方法

20 世纪 90 年代,美国得克萨斯交通研究院提出交通拥堵指数(Roadway Congestion In-

dex,RTC)指数的概念,由此揭开了交通状态评价研究的序幕。纵观国内外研究资料,路况判别主要从数理统计和人工智能两个方面进行,本书侧重研究传统的基于数理统计的路况判别算法,在总结各类算法特点基础上,利用过车数据进行高速公路路况判别。

目前已有的多种高速公路路况判别算法中,判别效果较好且得到公认的算法主要有加利福尼亚算法、McMaster算法、指数平滑算法和正态偏差算法,分别将各自原理简述如下:

(1)加利福尼亚算法。

加利福尼亚算法基于:当交通事件发生时,路段上游的车道占有率迅速增加,而下游的占有率值迅速下降。加利福尼亚算法属于双截面判别算法,在 t 时刻,获取所有检测站 i ($i=1,2,\cdots,n$)的平均占有率 $OCC(i,t)$,并通过判别式条件来判断是否发生了拥挤。

(2)McMaster算法。

McMaster算法的识别过程包括识别拥堵的存在、判别拥挤的类型两个阶段。该算法以交通流突变理论为基础,将实测得到的交通参数数据分布在"流量-占有率"图中的四个区块内,每个区块代表一种交通状态。

根据该算法原理,要识别一个检测站下游拥挤的开始、持续和结束的状态演变过程,可以通过观察交通参数数据点在四个区块中的移动情况来确定。如若检测器交通参数数据从区块1移动到区块3且在区块3停留了两个时间间隔,则可判断发生了拥挤。该算法的参数需根据天气变化进行调整。

(3)指数平滑算法。

在一般情况下,路段上的交通检测器会因为各种误差影响导致在采集得到的交通参数数据中含有噪声数据,若不经过数据预处理而直接进行交通拥挤的判别可能会使得判别结果出现较高的误判率,并且无法准确地区分拥堵的类型。指数平滑法能够对原始数据进行平滑预处理,过滤掉影响结果的噪声数据,进而与设定的阈值比较,判别拥挤的发生。

(4)正态偏差算法。

正态偏差算法一般将交通量和占有率作为输入变量,算法原理是利用 t 时刻前 n 个实测交通参数的算术平均值来预测 t 时刻的交通参数值,然后再用标准正态偏差来度量交通参数值相对于其以前平均值的改变程度,当它超过相应阈值时,则认为发生了交通拥挤。

目前常用的判别算法性能指标有识别率(IR)、误识率(FIR)、平均识别时间(MTTI)。以上介绍的四种算法均以占有率等参数作为交通状态判别指标,且适用于相邻检测器间隔较小的场景,高速公路网中相邻检测点之间间距较远,直接运用以上算法存在适应性问题。

视频检测设备一般配合测速雷达使用,采集的原始数据包括车牌号、地点车速、车辆类型及所在车道等,以结构化数据的形式存储于数据库中。实际应用过程中,通常还需要使用到检测设备信息表和路段信息表,视频检测相关数据库信息如表3.2所示。

由以上各信息表推算路段平均行程时间(此处路段定义为两相邻检测设备所夹道路)的车牌匹配算法主要包含以下三个步骤:

步骤一:首先从数据库中读取当前检测周期内的数据,根据关键字段从数据表中提取出检测设备编号、车牌、车型及时间戳等信息,并通过设备信息表确定任意两相邻设备所在路段及其长度;同时对数据进行过滤,删除现象的数据。

视频检测相关数据库信息　　　　　　　表3.2

数据库表名称	功能	包含字段
检测数据表	存储原始视频检测数据	车牌号、时间戳、地点车速、车辆类型、所在车道
设备信息表	存储视频设备编号及布设位置信息	设备编号、设备名称、位置坐标
路段信息表	存储路段起始点编号及路段长度	路段起点编号、路段终点编号、路段长度、车道数

步骤二：遍历在新检测周期内车辆 i 的记录（$i=1,2,3,\cdots,n$，n 为新检测周期内的记录总数），若在历史记录表中匹配到车辆 i 的车牌信息且两条记录中的卡口为相邻卡口，则通过时间戳相减获取该车辆经过两卡口所用的行程时间，并计算对应的行程车速（l 为两相邻卡口所夹路段长度），同时用车辆 i 的新记录替换历史记录表中对应的记录；如果未能在历史记录表中匹配到相同的车牌信息，则判定车辆 i 是在新检测周期内进入路网之中，在历史记录表中插入车辆 i 的记录。

步骤三：判定行程车速样本是否处于有效车速区间，只有在此区间时才能采集该数据，原因在于某些特殊情况容易导致个别车辆产生过大的时间延误，如中途抛锚、停车车牌漏检、车辆中途离开检测区等，此时个别车辆的行程车速无法准确反映车流的运行状态。

车牌匹配算法流程图如图3.1所示。

3.3　高速公路网交通运行态势分析

本节通过案例说明车牌匹配算法在高速公路网交通运行态势分析中的应用。如图3.2所示，案例中的高速公路网为长春至深圳高速公路往天津方向，共包括两个匝道收费站、一座互通立交，长31km，视频卡口选用 IS-3016VR 型600万像素超高清摄像头，车牌识别率大于或等于95%，视场宽度大于或等于12m，能完全覆盖3条标准车道，卡口主要布设在路网各分流节点之前，合流节点之后以及各收费站入口处；可变信息标志选用全点阵、三基色型信息标志，主要布设在收费站入口及互通立交等枢纽节点处。

本案例主要对图3.2中由南向北方向的三条路段：路段1（K1607+623～K1596+997）、路段2（K1596+997～K1585+385）及路段3（K1579+900～K1567+800）进行实时路况获取和发布。

设定检测周期 T_1 为5min，即每5min从系统数据库中读取一次卡口检测数据。系统的运行主要包括四部分：数据读取及预处理、路段平均车速计算、路段实时路况判定以及可变信息标志信息发布。路况判别流程如图3.3所示。

具体实现步骤如下：

第一步：加载路段信息表和卡口设备信息表，包括路段的长度、位置和起始节点编号等信息以及卡口设备的编号、位置等信息，可通过卡口设备位置信息定位卡口所在路段。

第二步：系统开始计时运行，根据关键字段从数据库中读取检测周期内（5min 内）的卡口检测数据，主要包括卡口设备编号及车辆的车牌号、车型、时间戳等信息。通过算法对数据进行预处理,删除存在缺失、重复等异常现象的数据。

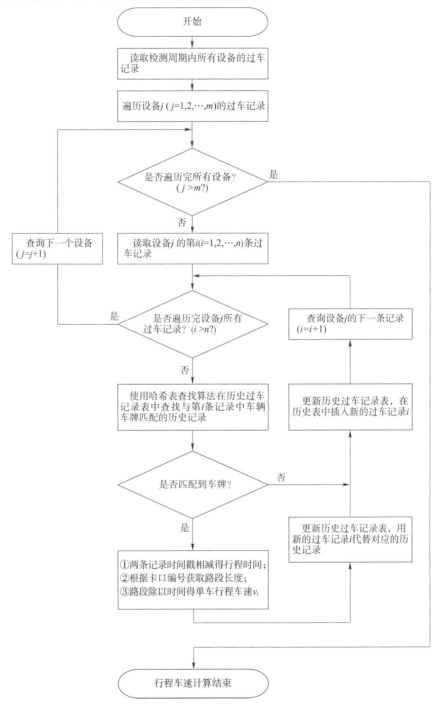

图 3.1　车牌匹配算法流程

第三步:逐条遍历各卡口设备在检测周期内采集到的数据记录,通过车牌匹配算法得到每条记录的单车行程车速样本。

第四步:根据有效车速区间对各单车行程车速样本进行过滤,案例中的有效车速区间为

[40,130](km/h),并计算路段平均行程车速。

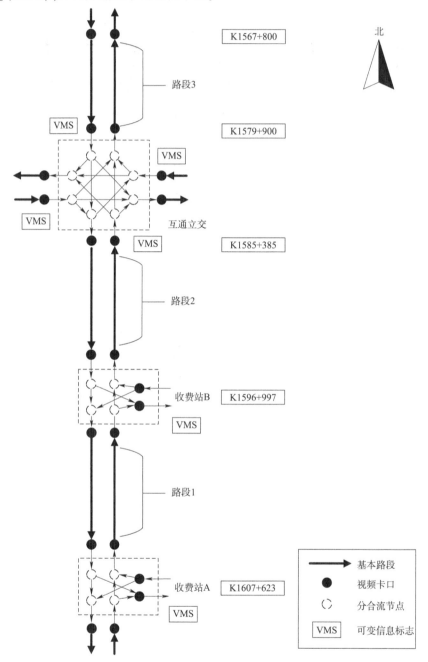

图3.2 高速公路交通运行态势分析案例路网

第五步:将路段平均行程车速与《道路通行能力手册》中各类服务水平对应的速度阈值进行对比,判定当前路段的路况(分为五级:畅通、较畅通、较拥挤、拥挤、拥堵)。

第六步:平均行程车速大于110km/h时,路况判定为畅通;介于90~110km/h之间时,路况判定为较畅通;介于82~90km/h之间时,路况判定为较拥挤;介于72~82km/h之间时,路况判定为拥挤;小于72km/h时,路况判定为拥堵。

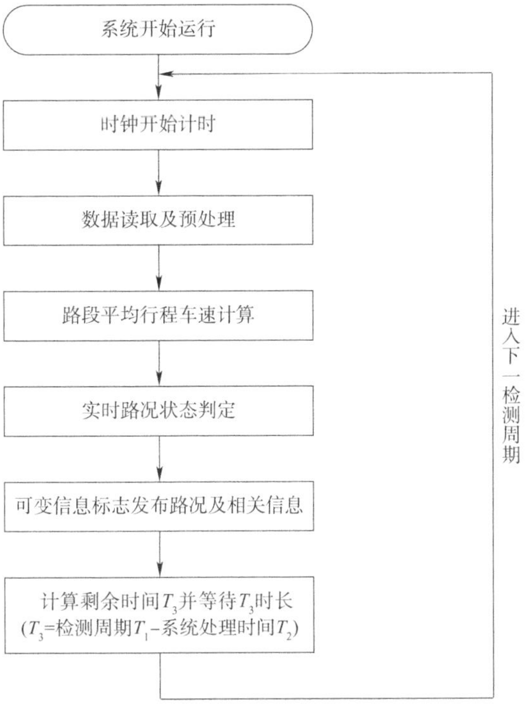

```
系统开始运行
    ↓
时钟开始计时  ←──┐
    ↓            │
数据读取及预处理  │
    ↓            │ 进
路段平均行程车速计算  入
    ↓            │ 下
实时路况状态判定  │ 一
    ↓            │ 检
可变信息标志发布路况及相关信息  测
    ↓            │ 周
计算剩余时间T₃并等待T₃时长  │ 期
(T₃=检测周期T₁-系统处理时间T₂) ──┘
```

图 3.3　路况判别流程

第七步:管理中心通过传输网络将路段实时路况下发至各路段管理处,各路段管理处控制收费站入口处的可变信息标志发布对应路段的路况及相关诱导信息:①当路况为畅通或较畅通状态时,可变信息标志不发布信息(或仅发布宣传类型信息);②当路况为较拥挤或拥挤时,可变信息标志仅发布路况信息;③当路况为拥堵时,可变信息标志发布路况信息,同时建议车辆选择其他路径绕行。

第八步:计算从第二步至第八步系统处理所耗费的时间,并记为T_2,计算剩余的时间T_3($T_3 = T_1 - T_2$),系统将在T_3时长后进入下一检测周期。

第九步:进入下一检测周期,从第二步开始重新循环执行。

如图3.4所示,选取高速公路高峰时段对各路段路况进行分析,在第14个检测时段至第19个检测时段的时间内,路段区间2出现了明显的行程车速下降的现象,车速低于75km/h,道路交通状态判定为拥堵,此时收费站B通过可变信息标志发布相关路况和诱导信息,指引驾驶员绕道行驶以防止拥堵状况的进一步加剧,同时为高速公路管理部门及时采取控制措施提供参考依据。表3.3所示为对应的路段平均行程车速及相应的路况判别结果。

路段平均行程车速及对应路况　　　　　　　　　　表3.3

检测时间(s)	路段区间	平均行程车速(km/h)	路况
4200	1	80.2	拥挤
4200	2	75	拥挤
4200	3	79.8	拥挤

续上表

检测时间(s)	路段区间	平均行程车速(km/h)	路况
4500	1	79.3	拥挤
4500	2	74.6	拥挤
4500	3	87.3	较拥挤
4800	1	77.6	较拥挤
4800	2	60.1	拥堵
4800	3	77.5	拥挤
5100	1	86.7	较拥挤
5100	2	58.1	拥堵
5100	3	79.2	拥挤
5400	1	79.7	拥挤
5400	2	56.5	拥堵
5400	3	80.8	拥挤
5700	1	80.5	拥挤
5700	2	76.9	拥挤
5700	3	77.3	拥挤

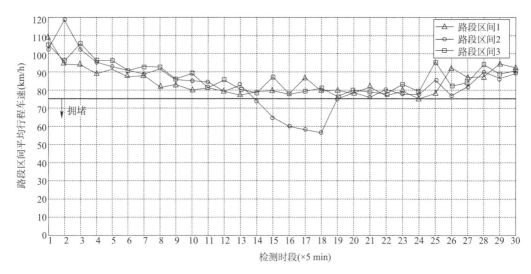

图3.4 各路段平均行程车速曲线

第4章 高速公路网动态分配方法

4.1 交通网络分配理论

4.1.1 用户均衡模型

路网交通均衡理论是交通网络进行交通需求分配和加载的重要理论基础,其核心是:出行者总是倾向于选择使自己出行成本(时间、费用等)最小的路径,当选择的一条路径不是成本最低的路径时,出行者会选择改变自己的路径以降低出行成本,直至不能使出行成本继续降低为止。这一原理被称为 Wardrop 第一原理,此时路网达到的平衡状态,称为用户均衡(User Equilibrium,UE)状态。对于 Wardrop 第一原理的数学描述如下:

$$\min Z(x) = \sum_a \int_0^{x_a} t_a(\omega) d\omega \tag{4.1}$$

$$\sum_k f_k^{rs} = q_{rs} \quad \forall r,s \tag{4.2}$$

$$f_k^{rs} \geq 0 \quad \forall r,s \tag{4.3}$$

$$x_a = \sum_r \sum_s \sum_k f_k^{rs} \delta_{a,k}^{rs} \quad \forall a \tag{4.4}$$

式中:x_a——路段 a 上的流量;

t_a——路段 a 的行驶时间;

$t_a(\cdot)$——路段 a 的行驶时间函数;

f_k^{rs}——出发地 r、目的为 s 的 OD 对间的第 k 条路径上的交通量;

$\delta_{a,k}^{rs}$——0-1 变量,如果路段 a 出现在 OD 对 rs 之间的第 k 条路径上,则 $\delta_{a,k}^{rs}=1$,否则 $\delta_{a,k}^{rs}=0$。

4.1.2 系统最优

在路网交通分配领域,还有另外一个重要的分配原理,Wardrop 第二原理,即系统最优(System Optimization,SO),该原理从交通管理者的角度出发,希望用户选择路径时"舍小我,顾大我",通过某种方式选择路径,在该路径对子并非最优(成本最低)的情况下,能使得整个系统所有出行者总的出行成本最低。这一原理通过模型归纳如下:

$$\min \tilde{Z}(x) = \sum_a x_a t_a(x_a) \tag{4.5}$$

$$\sum_k f_k^{rs} = q_{rs} \qquad \forall r,s \tag{4.6}$$

$$f_k^{rs} \geqslant 0 \qquad \forall k,r,s \tag{4.7}$$

Wardrop 第一原理反映了路网中出行者选择路径的最自然的准则,按照这一原理计算出来的路网分配结果最能够反映道路网的实际分配结果。Wardrop 第二原理能够保证整个系统的整体运行效果最优,但是在过去和目前的科技应用水平,出行者还无法知道自己选择哪一条路径才能使得路网整体运行效果最优。因此,除非所有车辆都处于联网状态,能够获取交通指挥中心下传的路径选择方案并且遵照执行,在实际路网中几乎是不可能实现系统最优的。

4.2 高速公路网动态分配模型

交通分配技术最早应用于城市交通规划,初期的交通分配均为静态分配,分配方法包括"全无全有"分配、增量分配法、连续平均法、容量限制法等。静态交通分配假定在整个路网的分配过程中,各 OD 对之间的需求是稳定的,各路段的流量在加载过程中也是稳定不变的。由于城市的尺度并不大,多数车辆出行均能在 40~60min 之内完成,在此时间段内,可以近似认为交通需求的空间分布变化较小,因此从规划的层面上看,将每日的交通需求分为若干时段,每个时段内固定交通需求(OD 需求),对路网进行分时段分配,是可以满足规划分析的需要的。

然而对于大范围的高速公路网的控制与管理,继续采用静态交通分配进行交通控制的分析就不合适了。对于高速公路的出行,动辄 2~4h,在这个时间尺度上,交通需求的变化非常明显,已经不能忽略。不仅如此,较长的出行距离导致某一时刻同一路段上的流量由不同入口不同时段的车流叠加而成,原有的静态分配方法会产生严重的偏差,从而导致控制管理方案的失败。因此,对于高速公路控制,进行路网流量分析和预测时,必须采取动态分配方法。

动态交通分配有两大分析模型,其一是车辆仿真模型,其二是流量分析模型。车辆仿真模型以单车和一组车辆为研究对象,运用仿真手段分析车辆在路网内的分布情况,通过多次迭代,最终收敛到均衡解。车辆仿真模型经过多年的发展,已经形成了很多成熟的软件,比较常见的有 CONTRAM、DYNA 和 DynaMIT 等。流量分析模型将车辆视为连续的流,通过数学手段分析路网流量的变化情况。根据使用数学方法的不同,流量分析模型可分为三种:数学规划模型(Mathematical Programming Models)、最优控制模型(Optimal Control Models)和变分不等式模型(Variational Inequality Models)。

本节使用的方法是以 He 提出的概念性框架和基于流量分析的 DTA 模型为基础,经过修改简化而来。该模型由四大主要组件构成:用户行为模型、随机路径选择模型、动态网络加载模型(DNL)以及路段费用模型。

4.2.1 用户行为模型

用户行为模型(User Behavior Models)就是用户路径选择模型,它实际上反映的是用户对路网运行状态的认识以及根据自身需要所采取的决策。正常情况下,用户的目的只有一个,就是其行程成本最小,这个成本是个广义概念,包括时间、油耗、舒适程度、安全性等。对于高速公路而言,时间消耗是用户评价行程费用的最重的标准,绝大多数路网用户都是选择行程时间最短的路径行进。本书认为,处在高速公路网中的用户对路网的运行情况有一定的了解,这种了解包括对路网的经验以及通过可变信息系统以及交通信息广播等媒介获得的信息。这些用户只有路网系统的一部分信息或仅仅凭借自己的经验来作出选择,本书称这类用户为部分信息用户。因此,这种情况下用户的路径选择模型实际上就是随机动态用户最优模型(SDUO),其最优路径选择条件服从下式:

$$P_{rt}^k = \text{Prob}[c_{rt}^k + \varepsilon_{rt}^k \leq c_{rt}^{k'} + \varepsilon_{rt}^{k'} | \forall k' \in K_r] \tag{4.8}$$

$$f_{rt}^k = d_{rt} P_{rt}^k \quad \forall r, k \tag{4.9}$$

式中:P_{rt}^k——部分信息用户 t 时段 OD 对 r 之间选择路径 k 的概率;

f_{rt}^k——部分信息用户 t 时段 OD 对 r 之间选择路径 k 的流量;

d_{rt}——部分信息用户 t 时段 OD 对 r 之间的流量需求;

$c_{rt}^{k'} + \varepsilon_{rt}^{k'}$——$t$ 时段出发,OD 对 r 之间路径 k 的理解费用,其中 c_{rt}^k 为实际费用,ε_{rt}^k 为误差项。

4.2.2 随机路径选择模型

按前面的分析确定用户行为模型后,为了计算网络用户的流量,需要根据路径的费用(行程时间)来确定用户选择该路径的概率,通常的方法是通过随机效用选择模型来实现。较为方便和常用的随机效用选择模型是 Logit 模型。

Logit 模型假定每条路径理解费用误差 ε_{rt}^k 相互独立,且服从 Gumbel 变量分布。随机路径选择的多项式 Logit 模型由下式给出:

$$P_{rt}^k = \frac{\exp(-\alpha c_{rt}^k)}{\sum_{k'} \exp(-\alpha c_{rt}^{k'})} \tag{4.10}$$

式中:P_{rt}^k——t 时段内 OD 对 r 之间用户选择路径 k 的概率;

α——依赖于 ε_{rt}^k 方差的参数。

式(4.4)给出的 Logit 模型虽然简单易用,但是它有一个致命的弱点,就是不能正确处理路网的拓扑结构。当两条路径有较大的重叠部分时,Logit 模型将其视为两条互不相干的路径,从而导致路径选择概率的失真。为了克服这一弱点,Cascetta 等提出了修正的 Logit 模型,称为 C-Logit 模型。该模型中路径的选择概率按下式表达:

$$P_{rt}^k = \frac{\exp(-\alpha c_{rt}^k - \text{CF}_r^k)}{\sum_{k'} \exp(-\alpha c_{rt}^{k'} - \text{CF}_r^{k'})} \tag{4.11}$$

式中:CF_r^k——路径 k 的公共因子(commonality factor),它体现两条路径之间的重叠情况,路径重叠越多,该路径 CF_r^k 值越大,效用也就越低。

CF_r^k 可由如下公式计算:

$$\text{CF}_r^k = \beta \ln \sum_{k'} \left(\frac{L_{kk'}}{\sqrt{L_k L_{k'}}}\right)^\gamma \tag{4.12}$$

式中：$L_{kk'}$——路径 k 和 k' 公共路段的长度；

L_k、$L_{k'}$——路径 k 和 k' 的长度；

β、γ——正参数。

上式中的参数 α、β、γ 需要通过标定的方法获得。

4.2.3 路网的动态网络加载模型(DNL)模型

动态网络加载模型(DNL)是在路径选择完成之后，将交通量按照动态的路径选择比例加载上网的过程，通过这一过程可以获取路段流量、路段行程费用和路径行程费用。

DNL 问题也有两种解决方法：仿真法和流量分析法。上面提到的 CONTRAM、DYNA 和 DynaMIT 等软件都能胜任 DNL 工作，仿真法的优点是能在中微观层面上详细地描述路网交通的运行情况。

流量分析法通过对路网流量变化情况的数学描述来实现 DNL。流量分析法由路段动态方程、流量守恒方程、流量传递方程和约束方程这四大部分组成，下面给出 Cabini 和 He 对 DNL 问题数学描述离散形式。

(1)路段动态方程：

$$x_{rt+1}^{ak} = x_{rt}^{ak} + u_{rt}^{ak} - v_{rt}^{ak} \qquad \forall a, r \qquad (4.13)$$

(2)流量守恒方程：

$$u_r^{ak} = \begin{cases} f_{rt}^k & a \text{ 是路径 } k \text{ 的第一个路段} \\ v_{rt}^{(a-1)k} & a-1 \text{ 是路段 } a \text{ 的紧前路段} \end{cases} \qquad (4.14)$$

(3)流量传播方程：

$$V_{rt}^{ak} = \sum u_{rj}^{ak} \Delta \qquad \forall a, k, r \qquad (4.15)$$

$$v_{rt}^{ak} = (V_{rt}^{ak} - V_{rt-1}^{ak})/\Delta \qquad \forall a, k, r \qquad (4.16)$$

$$U_{rt}^{ak} = \sum_{j=0}^{t} u_{rj}^{ak} \Delta \qquad \forall a, k, r \qquad (4.17)$$

(4)约束方程：

边界约束条件：

$$x_{r0}^{ak} = 0 \qquad \forall a, k, r \qquad (4.18)$$

$$U_{r0}^{ak} = 0 \qquad \forall a, k, r \qquad (4.19)$$

$$V_{r0}^{ak} = 0 \qquad \forall a, k, r \qquad (4.20)$$

非负约束条件：

$$x_{rt}^{ak}, u_{rt}^{ak}, v_{rt}^{ak} \geq 0 \qquad \forall a, k, r \qquad (4.21)$$

上述各方程中变量意义定义如下：

x_{rt}^{ak}：时段 t 内 OD 对 r 之间沿路径 k 上的路段 a 的车辆数，称为路段荷载；

u_{rt}^{ak}, v_{rt}^{ak}：时段 t 内 OD 对 r 之间沿路径 k 上的路段 a 的流入、流出流量；

U_{r0}^{ak}：到时段 t 结束为止，OD 对 r 之间沿路径 k 上的路段 a 的累计流入流量；

V_{r0}^{ak}：到时段 t 结束为止，OD 对 r 之间沿路径 k 上的路段 a 的累计流出流量；

Δ：时段长度，应该取 $\Delta \leqslant \min_a [\tau_0^a]$，$\tau_0^a$ 是路段 a 在自由流情况下的行程时间。

可以看出，DNL 模型的实质是一个网络流量加载的宏观数字仿真模型。

4.2.4 路段费用模型

路段费用以路段行驶时间（τ^a）来表示。比较常用的路段行程时间模型是 BPR(Bureau of Public Roads)公式：

$$\tau^a = \tau_0^a \cdot [1 + \alpha (v^a/C_a)^\beta] \tag{4.22}$$

式中：α、β——非负参数；

τ_0^a——路段 a 的自由流行驶时间；

v^a——路段 a 的流量；

C_a——路段 a 的通行能力。

BPR 公式的缺点是路段流量 v^a 与路段行程时间并非单值对应关系，当路段出现拥挤情况时，公式就不能得到正确的结果。而交通密度与路段行程时间存在着一一对应的关系，因此，可采用路段的交通密度作为变量来确定路段的行程时间。

由修正的 Greenshields 模型，交通密度与速度之间有如下关系：

$$w_t^a = (w_{\text{free}}^a - w_{\text{min}}^a) \cdot [1 - (k_t^a/k_{\text{jam}}^a)^\alpha]^\beta + w_{\text{min}}^a \tag{4.23}$$

式中：w_t^a——时段 t 内路段 a 的车速；

w_{free}^a、w_{min}^a——路段 a 的自由流车速和拥挤状态的最小车速；

k_t^a——时段 t 内路段 a 的密度；

k_{jam}^a——路段 a 阻塞密度；

α、β——模型参数。

当路段中不存在拥挤排队时，路段的行程时间由路段长度（L_a）和车速 w_t^a 确定：

$$\tau_t^a = \frac{L_a}{w_t^a} = \frac{L_a}{w_{\text{free}}^a \cdot [1 - (k_t^a/k_{\text{jam}}^a)^\alpha]^\beta} \tag{4.24}$$

若以变量 x_t^a 表示时段 t 内的路段 a 的路段荷载，则交通密度 k_t^a 可以表示为：$k_t^a = x_t^a/L_a$，则上式可以表示为路段荷载 x_t^a 的函数：

$$\tau_t^a = \frac{L_a}{w_t^a} = \frac{L_a}{w_{\text{free}}^a \cdot \{1 - [x_t^a/(L_a \cdot k_{\text{jam}}^a)]^\alpha\}^\beta} = \frac{L_a}{w_{\text{free}}^a \cdot [1 - (x_t^a/X_{\text{max}}^a)^\alpha]^\beta} \tag{4.25}$$

式中：$X_{\text{max}}^a = L_a \cdot k_{\text{jam}}^a$——路段 a 在阻塞时的最大荷载。

式(4.24)的适用条件是车辆均匀地分布在全路段上，没有排队现象的发生。如果路段 a 中存在拥挤排队的现象，即 x_t^a 并不是均匀分布在路段上，则路段的速度不能由式(4.23)确定，式(4.24)失效。这时，可以通过路段的平均驶出流量 Q_t^a 来确定路段的行驶时间：

$$\tau_t^a = x_t^a/Q_t^a \tag{4.26}$$

排队现象的本质是由于路段荷载在路段上的不均匀分布所致，无论这种排队发生在路段的哪一位置，都会牵制上游车辆的行驶，使其通过路段的时间变长。这说明当路段荷载 x_t^a 均匀分布在全路段上时路段的行程时间最短。因此，综合式(4.24)和式(4.25)，无论路段是否存在排队，其行程时间可由下式统一表示：

$$\tau_t^a = \max(x_t^a/Q_t^a, L_a/w_t^a) \tag{4.27}$$

4.2.5 路径费用的计算

确定了路段费用,就可以依次确定所有路径的费用。假定路径 k 由路段集合 $N_r^k = (i,1, 2,\cdots,a,\cdots j-1,j)$ 组成,其中 i、j 分别是 OD 对 r 的起讫点,a 是路径中的某一点。则路径费用如下递推公式计算:

$$c_{(i,1)t}^k = \tau_{(i,1)}(t) \tag{4.28}$$

$$c_{(i,2)t}^k = c_{(i,1)t}^k + \tau_{(1,2)}(t + c_{(i,1)t}^k) \tag{4.29}$$

$$\vdots \qquad \vdots \qquad \vdots$$

$$c_{(i,a)t}^k = c_{(i,a-1)t}^k + \tau_{(a-1,a)}(t + c_{(i,a-1)t}^k) \tag{4.30}$$

$$\vdots \qquad \vdots \qquad \vdots$$

$$c_{rt}^k = c_{(i,j)t}^k = c_{(i,j-1)t}^k + \tau_{(j-1,j)}(t + c_{(i,j-1)t}^k) \tag{4.31}$$

式中,$\tau_{(a-1,a)}(t) = \tau_t^a$,表示路段 a 在时段 t 内的行程时间。

路径费用的计算表明,当路网用户从某一起点出发时,用户所需要考虑的路径费用由许多路段将来的不同时段的行程时间所组成。而对将来时段的路段行程时间,用户往往按照以往的经验和自己的判断来选择路径,而这种路径的选择往往是在出行之初便已决定,中途并不会随意改变。除非得知自己将要行驶的前方某路段出现异常交通状况并会影响到自己的行驶,用户才会考虑改变路径。

4.3 高速公路网动态交通分配求解算法

4.3.1 DTA 算法

根据上面对 DTA 模型的分析,可以建立起相应的 DTA 的算法。算法由路径选择算法和动态网络加载(Dynamic Network Loading,DNL)组成,通过多次迭代加载,求得最终的交通量在路网动态分配过程。DTA 算法的步骤如下:

算法 4-1 DTA 算法

1. 初始化

设定最大迭代次数 J;令迭代步数 $j=0$,按照自由流状态计算路径行程时间和初始路径流量 $f_{rt}^{k(0)}$。

2. 循环体

2.1 运用 DNL 算法进行网络加载;

2.2 运用路径选择模型计算各条路径的选择概率 P_{rt}^k,计算过渡路径流量 $g_{rt}^k = P_{rt}^k d_{rt}$;

2.3 利用一维搜索方法确定搜索步距 $\alpha^{(j)}$,也可简单地取 $\alpha^{(j)} = 1/j+1$;

2.4 更新路径流量:$f_{rt}^{k(j+1)} = f_{rt}^{k(j)} + \alpha^{(j)}[g_{rt}^k - f_{rt}^{k(j)}]$。

3. 收敛验证

如果 $|f_{rt}^{k(j+1)} - f_{rt}^{k(j)}| < \varepsilon_f$（预设的小正数）或 $j = J$，则算法停止；否则，令 $j = j+1$，返回到步骤 2。

上述 DTA 算法中的步骤 2.1 和 2.2 分别包含两个子算法：DNL 算法和路径选择算法，下面将依次介绍。

4.3.2 动态网络加载（DNL）算法

DNL 算法以式（4.13）～式（4.21）为基础，实现动态流量加载上网的过程，这一过程需要反复迭代来实现。在每次循环中路段行程时间 τ_t^a 和路径流量 f_{rt}^k 是已知的，只有 5 个未知变量 x_{rt}^{ak}、u_{rt}^{ak}、v_{rt}^{ak}、U_{rt}^{ak}、V_{rt}^{ak}，而模型方程也是 5 个，因此每次迭代都存在唯一解。算法的步骤如下：

算法 4-2　DNL 算法

1. 初始化

设定最大迭代次数 N；令迭代步数 $n = 1$；对路网中任一路段 a 取 $\tau_0^a = a$ 在自由流情况下的行驶时间。

2. 循环体

2.1　令 $\tau_t^a = \tau_t^{a(n)}$；

2.2　按照时间顺序依次计算各路径上每条路段的 5 个未知变量，即依次利用式（4.13）～式（4.17）计算 u_{rt}^{ak}、U_{rt}^{ak}、V_{rt}^{ak}、v_{rt}^{ak}、x_{rt}^{ak}；

2.3　计算总路段流量参数：计算路段流入流量 $u_t^a = \sum_{r,k} u_{rt}^{ak}$、路段流出流量 $v_t^a = \sum_{r,k} v_{rt}^{ak}$ 和路段荷载 $x_t^a = \sum_{r,k} x_{rt}^{ak}$；

2.4　由 x_t^a 按照式（4.22）计算过渡路段行驶时间 $\tau_t^{a(tmp)}$；

2.5　更新路段行驶时间：$\tau_t^{a(n+1)} = \tau_t^{a(n)} + \alpha^{(n)}(\tau_t^{a(tmp)} - \tau_t^{a(n)})$；其中 $\alpha^{(n)} = 1/(n+1)$。

3. 收敛验证

若 $|\tau_t^{a(n+1)} - \tau_t^{a(n)}| < \varepsilon_\tau$（预设的小正数）或 $n = N$，则算法停止；否则，令 $n = n+1$，返回到步骤 2。

4.3.3 路径选择算法

路径选择算法以式（4.11）、式（4.12）为基础，对所有时段和的路径反复计算，最终得到所有时段的路径选择概率，步骤如下：

算法 4-3　路径选择算法

1. 按照式（4.12）计算所有 OD 对间各路径的公共因子 CF_r^k；
2. 对所有出发时段 t，按照式（4.28）～式（4.31）计算所有路径的路径行程时间 c_{rt}^k；
3. 对所有出发时段 t，按照式（4.11）计算所有路径的选择概率 P_{rt}^k；
4. 计算过渡路径流量 $g_{rt}^k = P_{rt}^k d_{rt}$。

4.4　考虑 DTA 过程的高速公路网动态 OD 矩阵估计算例

下面以一个算例来说明考虑 DTA 过程的高速公路网动态 OD 矩阵估计过程。

算例 4-1：

如图 4.1 所示的一个简单路网，由 9 个节点和 12 条路段组成，每个路段均为两车道。节点中除节点 3、5、7 外，其余均是 OD 节点，至少与一条上或下匝道相连。路网各路段长度见表 4.1。

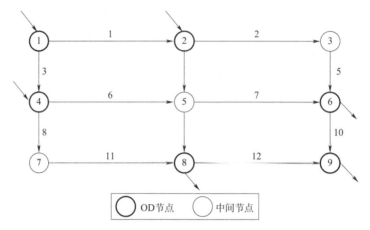

图 4.1 路网结构图

路段长度表　　　　　　　　　　　　　　　　　　　　　　表 4.1

路段	长度(km)	路段	长度(km)
1	6.0	7	7.0
2	6.5	8	4.5
3	4.0	9	4.0
4	4.5	10	5.5
5	4.0	11	7.0
6	6.0	12	6.5

该路网中存在 9 个 OD 对和 24 条路径，见表 4.2。

OD 对与路径　　　　　　　　　　　　　　　　　　　　　　表 4.2

OD 对	(1,6)	(1,8)	(1,9)	(2,6)	(2,8)	(2,9)	(4,6)	(4,8)	(4,9)
OD 对之间的路径	1,2,3,6 1,2,5,6 1,4,5,6	1,2,5,8 1,4,5,8 1,4,7,8	1,2,3,6,9 1,2,5,6,9 1,2,5,8,9 1,4,5,6,9 1,4,5,8,9 1,4,7,8,9	2,3,6 2,5,6	2,5,8	2,3,6,9 2,5,6,9 2,5,8,9	4,5,6	4,5,8 4,7,8	4,5,6,9 4,5,8,9 4,7,8,9

假定所有路段的自由流车速均为 120km/h，阻塞密度为 100veh/(ln·km)，交通密度与速度关系式(4.23)中的参数 α、β 分别取 1.9 和 6.8，则有各路段最优密度 $k_{\text{crt}}^a = 25\text{veh}/(\text{ln·km})$，最优车速 $w_{\text{crt}}^a = 72\text{km/h}$，通行能力为 1800veh/(ln·km)。模型式(4.11)、式(4.12)中的参数 α、γ 均取 2.0，β 则取相应的路径自由流行程时间。

取定计算时段长度为 1min，随机生成 100 个时段的 OD 交通量 d_{rt}，如图 4.2 所示。

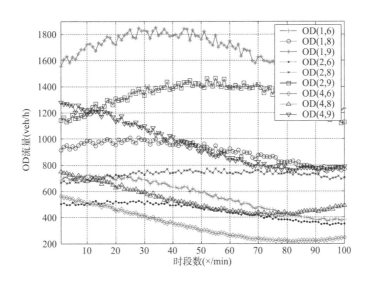

图 4.2　路网 OD 流量时变图

按照 4.3 节的方法进行动态交通分配,通过计算得到各路段流量时变情况,如图 4.3 所示(因为加载初始阶段和结束阶段路段流量并不完全,因此只考虑 15～85 时段的情况)。

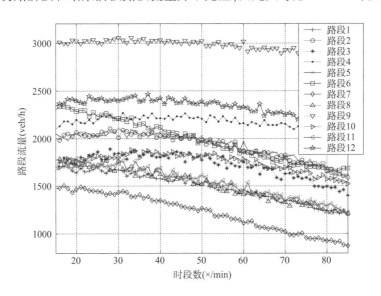

图 4.3　路段流量时变图

各条路径的行程时间时变情况则见图 4.4。

图例中的"Path r-p"表示 OD 对 r 之间的第 p 条路径。可以看出,同一 OD 对之间的路径行程时间很接近,说明路网是很接近平衡态的。由于在交通分配过程中采用路径选择模型是概率选择模型,因此,路径之间的行驶时间并未如确定性模型那样达到完全的平衡。

OD 之间各路径的选择率也随该路径行程时间的变化而变化,图 4.5 是 OD(1,8)之间的路径选择率的时变情况。

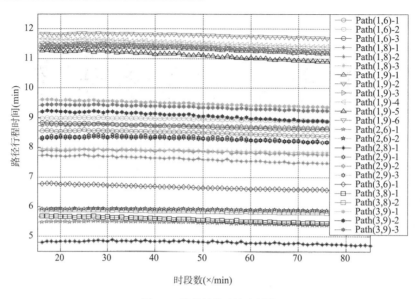

图 4.4 路径行程时间时变图

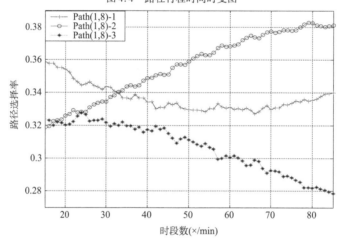

图 4.5 OD 对(1,8)间路径选择率时变图

通过上面的 DTA 过程,我们得到了路网中各路段的时变流量和各路径的行程时间。

第 5 章 可变信息标志（VMS）诱导控制技术

5.1 VMS 使用效果调查分析

为评估当前路网中 VMS 设备的使用效果，研究不同诱导信息对驾驶员遵从率的影响，笔者通过问卷调查的形式采集了 150 份样本数据，并从驾驶员对 VMS 使用效果的认可度、发布信息的关注度以及对不同推送方式的接受程度几方面进行分析。如图 5.1 所示，57% 的受访者表示对 VMS 发布的信息非常关注，64% 的受访者对 VMS 信息能够完全理解；在调查列举的四类信息推送方式中（VMS、交通广播、车载导航、手机），受访者对 VMS 发布信息的接受程度最高；在对信息内容的关注度方面，路况信息最为受访者关注，其次分别为事故信息、推荐路径和天气信息（接受度及关注度指标根据受访者对备选项的排序，通过加权求和方式得到，0 表示程度最低、5 表示程度最高）。

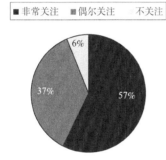

a) 受访者对VMS信息的关注情况

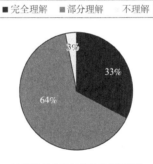

b) 受访者对VMS信息的理解情况

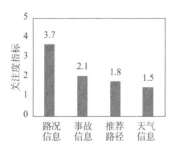

c) 受访者对不同信息内容的关注度

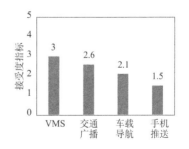

d) 受访者对不同信息推送方式的接受度

图 5.1 VMS 发布信息效果调查分析

调查表明,VMS 在实际使用过程中取得了较好的效果,但同时也存在一定的不足:

(1)现有的 VMS 以发布宣传信息、路况信息及计划性事件信息为主(封道、施工等),极少发布面向驾驶员的路径诱导信息。

(2)36% 的受访者表示不能完全理解 VMS 所发布的信息,原因之一即在高速行驶过程中,未能完全看清 VMS 信息内容,因此,需对关键信息进行连续发布。

(3)路网中各 VMS 设备所发布信息要进行协调统一,避免驾驶员产生疑惑,针对突发事件及计划事件需制定好相应的 VMS 信息发布预案。

调查同时表明:诱导信息的发布形式会对驾驶员的遵从率产生较大影响,采取图文发布形式并给出明确推荐路径能够有效提高驾驶员遵从率。图 5.2 所示为不同发布形式的诱导信息,其中"陈述型"信息(图 5.2c)仅对当前路网状态进行陈述;"建议型"信息(图 5.2d)则在发布路网状态的同时,给出明确的推荐路径建议。

a) I 类:正常信息

b) II 类:事故信息

c) III 类:"陈述型"诱导信息

d) IV 类:"建议型"诱导信息

图 5.2　不同形式的诱导信息

图 5.3 所示为不同形式诱导信息对应的驾驶员遵从率,78% 的受访者表示在"建议型"信息影响下会选择 VMS 推荐的绕行路径,20% 的受访者坚持原路径,12% 的受访者表示视情况而定(与驾驶员对路网熟悉程度、出行目的地等诸多因素有关)。因此,在实际应用中,可根据对诱导强度的需求,合理选择诱导信息发布形式。

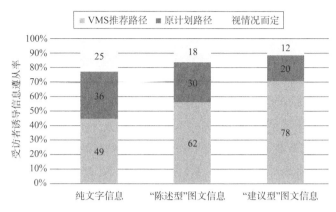

图 5.3　诱导信息形式对遵从率的影响

5.2　分流节点 VMS 诱导控制算法

VMS 诱导控制的实质是通过调节 VMS 发布信息的内容和频率,使得路网交通流的实际分布向理论最优分配逼近。为了简化问题,本书将研究对象限制在一定的范围之内,对高速公路网及运行于其上的交通流进行如下假定:

(1)假定交通需求的转移都发生在高速公路的路网范围之内,不通过地面道路来转移,VMS 只存在于路网的分流节点,而在各匝道上并无路径诱导设施,以此确保路网交通需求组成的稳定性。

(2)路网中的分流节点均只有两条流出路段,称为标准分流节点。这种分流节点在高速公路网路径诱导控制中最为常见,对于流出路段超过 2 条的节点,可以通过分解的方法来转化为标准分流节点。

如图 5.4 所示,路网中从不同起点到终点 j 的流量经由节点 n 时分成两股,大多数车辆选择的路径称为主路径,另一条为次路径。

设 $f_{ij,t}^{n,m}$ 为从起点 i 出发驶向终点 j 于 t 时段经由节点 n 选择主路径的流量,$f_{ij,t}^{n}$ 为从起点 i 出发驶向终点 j 于时段 t 经由节点 n 的总流量,则有:

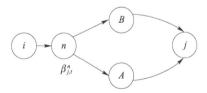

图 5.4　节点分流比参数

$$\beta_{j,t}^{n} = \frac{\sum_{i} f_{ij,t}^{n,m}}{\sum_{i} f_{ij,t}^{n}} \tag{5.1}$$

正常情况下,高速公路的运行状况与用户的判断接近,路网处于平衡状态,节点分流比的最优值 $\beta_{j,t}^{n}$ 与用户自发路径选择行为所确定的节点分流比 $\beta_{j,t}^{n_0}$ 近似,可认为二者相等。此时,节点的 VMS 设备可以显示与路径引导无关的信息。

如果路网的交通需求与正常值有较大差异,或因突发事件导致通行能力明显下降,则新一轮的交通流分配结果将会与正常值产生较大的偏差,从而导致 $\beta_{j,t}^{n}$ 明显不同于 $\beta_{j,t}^{n_0}$。此时,应启动 VMS 路径诱导功能,引导车辆合理选择路径。

令 $\beta_{j,t}^{n,V_0}$ 为 VMS 信息参数,取 0、1 两个值:当 VMS 指向主路径时,$\beta_{j,t}^{n,V_0}=1$;指向次路径时 $\beta_{j,t}^{n,V_0}=0$,则在 VMS 作用下的节点分流比 $\beta_{j,t}^{n,V}$ 可表述为:

$$\beta_{j,t}^{n,V} = (1-\xi)\beta_{j,t}^{n_0} + \beta_{j,t}^{n,V_0}\xi \quad (5.2)$$

式中,$\xi(\xi \in [0,1])$ 是用户选择 VMS 推荐选择的比例,当 $\xi=1$ 时代表所有用户服从 VMS 的诱导信息;$\xi=0$ 时代表所有用户无视 VMS 提供的信息,而是依照经验选择路径,此时有 $\beta_{j,t}^{n,V}=\beta_{j,t}^{n_0}$。

诱导控制的目的就是要使节点 n 在 VMS 作用下得到的分流比 $\beta_{j,t}^{n,V}$ 逼近最优分流比 $\beta_{j,t}^{n_0}$,在一个时段内,通过调整不同 VMS 信息显示时间的比例来模拟分流比例连续变化的效果。如假定分流节点 n 在时段 t 内 VMS 推荐主路径所占的时间比例为 $\lambda_t^n(\lambda_t^n \in [0,1])$,则推荐次路径时间比例为 $1-\lambda_t^n$,于是应有如下关系:

$$\beta_{j,t}^n = \lambda_t^n \beta_{j,t}^{n,V_m} + (1-\lambda_t^n)\beta_{j,t}^{n,V_a} = \lambda_t^n[(1-\xi)\beta_{j,t}^{n_0} + \xi] + (1-\lambda_t^n)(1-\xi)\beta_{j,t}^{n_0} \quad (5.3)$$

式中:$\beta_{j,t}^{n,V_m}$、$\beta_{j,t}^{n,V_a}$——VMS 推荐主路径和可选路径时 $\beta_{j,t}^{n,V}$ 的取值。

由上式可以解出 λ_t^n:

$$\lambda_t^n = [\beta_{jt}^n - (1-\xi)\beta_{j,t}^{n_0}]/\xi \quad (5.4)$$

得到分时比 λ_t^n 之后,还应确保 VMS 在信息切换过程中两个相位的任何一个相位的时间长度不低于下限值 $T_{n,\min}^V$(信息切换频率过高会导致驾驶员在接近 VMS 时看到多次的信息轮换,反而无所适从),故 $T_{n,\min}^V$ 可取驾驶员从看清 VMS 信息到驶过 VMS 的时间。

设时段 t 分流节点 n 的 VMS 分时比为 λ_t^n,则可以确定信号的切换周期为:

$$T_t^n = T_{n,\min}^V / \min[\lambda_t^n, (1-\lambda_t^n)] \quad (5.5)$$

确定信号周期后,VMS 的控制序列即可确定:一个轮换周期内,VMS 推荐主路径和次路径的时间分别为 $T_t^n \lambda_t^n$ 和 $T_t^n(1-\lambda_t^n)$。在实际应用过程中,可在主、次路径的推荐信息之间插入一个过渡相位,显示如图 5.2a)所示的 I 类正常信息,使得 VMS 诱导控制更为"平滑"。

图 5.5 所示为分流节点 VMS 诱导控制的整体流程:首先将视频检测设备采集到的数据经过车牌匹配算法处理,得到路网中各路段的行程时间以及节点实际分流比 $\beta_{j,t}^{n_0}$,通过动态交通分配算法得到节点最优分流比 $\beta_{j,t}^{n*}$,如果实际分流比与最优分流比的差值超过设定阈值,则说明当前路网处于不均衡状态,需要进行 VMS 诱导控制,根据式(5.3)~式(5.5)计算得到当前时刻 VMS 发布信息的内容及切换频率,作用于路网并持续一周期后进入下一轮控制。

由于本书研究路网拓扑结构仅包含两条路径,故图 5.5 中所示的动态交通分配过程可简化为对路径选择概率的求解问题。本书采用经典的 Logit 模型作为路径选择模型,对于路径的费用计算,则采用路径行程时间比上所有路径平均行程时间的形式来代替,如式(5.6)所示。

$$P(i) = \frac{\exp[-T(i)/\bar{T}]}{\sum_i^m \exp[-T(i)/\bar{T}]} \quad (5.6)$$

式中:$P(i)$——第 i 条路径被选择的概率;

$T(i)$——第 i 条路径的行程时间;

$\bar{T}$——所有路径平均行程时间;

m——所有路径总数。

在本书中,主路径的选择概率 $P(i)$ 即为对应节点的最优分流比。

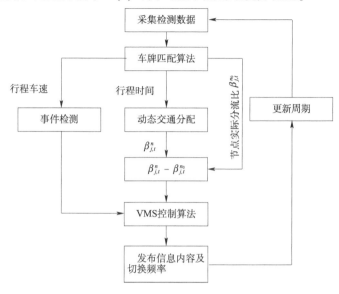

图 5.5 分流节点 VMS 诱导控制流程

5.3 仿真案例分析

本书通过 VISSIM 微观交通仿真软件对所研究的 VMS 诱导控制算法进行效果分析。图 5.6 所示为仿真路网区域:AB 段为 G40 沪陕高速公路、AC 段为 G2 京沪高速公路、BD 段为 G15 沈海高速公路、CD 段为 S38 沿江高速公路,图中路径 A→C→D 及路径 A→B→D 分别为从广陵枢纽前往董浜枢纽(上海方向)的主、次路径。图 5.7 所示为仿真路网的拓扑结构,图中 A、B、C、D 节点代表互通立交,其余节点代表匝道收费站,以字母 T 表示(如"AB-T1"代表 AB 之间的第一个收费站),节点之间的路段以字母 R 表示(如"AB-R1"代表 AB 之间的第一条路段),在节点 A 处设置 VMS 设备,各节点处均设置视频检测设备。

本书假定 AC 段江阴靖江长江大桥发生交通事故,导致车道通行能力下降并引发交通拥堵,此时,通过控制广陵枢纽处的 VMS 发布诱导信息,引导驾驶员选择合理路径,使路网重新达到均衡状态,进而提高其运行效率。

5.3.1 仿真数据采集及处理

通过 VISSIM 微观交通仿真软件构建仿真路网,并采集仿真数据。仿真数据中包含了检测器编号、车辆编号、检测时间、车辆类型等信息,可通过车牌匹配算法推算得到各节点之间路段的平均行程时间及平均行程车速。

如图 5.8 所示,仿真周期为 10000s,正常情况下,AC 段行程时间为 1200s 左右,案例中设置江阴靖江长江大桥(AC-R3)在 5700~7000s 期间发生交通事故,导致 AC 段行程时间大幅增加,且当检测周期为 100s 时,第 57 周期因为事故影响无法检测到车辆样本,当检测周期增加至 300 s 时,可增大事故期间的检测样本量,有效解决数据缺失的问题。

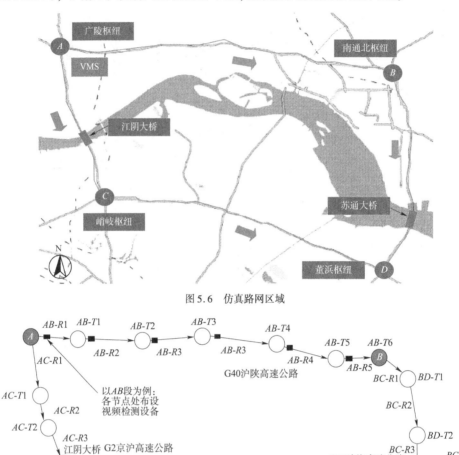

图 5.6 仿真路网区域

图 5.7 仿真路网拓扑图

5.3.2 VMS 诱导控制效果分析

本节通过在 AC-R3 路段设置事故车辆,分析在主路径发生事故时,VMS 诱导控制的效果。图 5.9a)所示为事故场景下,主、次路径行程时间的变化曲线,在第 4200 仿真秒至第 8400 仿真秒期间,事故导致 A—C—D 主路径行程时间增加,第 4500 仿真秒时,主路径行程时间超过次路径,此时在 VMS 诱导控制作用下,选择次路径的概率要超过选择主路径的概率(图 5.9b)。第 8400 仿真秒后,事故影响消除,主、次路径行程时间趋于正常,对应路径选择概率也重新趋于稳定。

第5章 可变信息标志(VMS)诱导控制技术

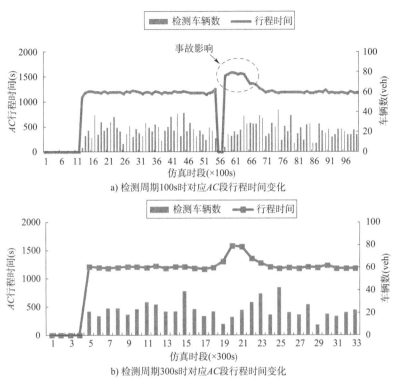

a) 检测周期100s时对应AC段行程时间变化

b) 检测周期300s时对应AC段行程时间变化

图 5.8 AC 段行程时间变化

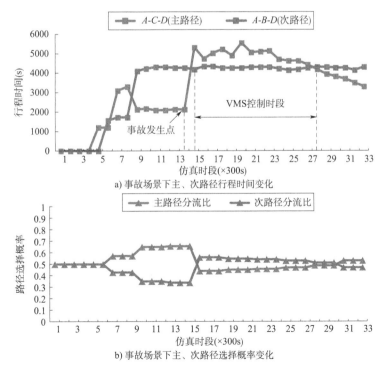

a) 事故场景下主、次路径行程时间变化

b) 事故场景下主、次路径选择概率变化

图 5.9 事故场景下主、次路径行程时间及路径选择概率变化

本节中采取路网车辆总运行时间 TTS(Total Time Spent)及总行驶距离 TTD(Total Travel Distance)两个指标对 VMS 控制效果进行评价。路网车辆总运行时间的含义即为仿真时段内,路网中所有车辆运行时间的总和(包括车辆排队等待时间),相同条件下,TTS 指标越高意味着路网运行效率越低;总行驶距离的含义即为仿真时段内所有车辆行驶距离的总和,TTD 指标越高代表路网运行效率越高。本案例中通过 VISSIM 仿真软件的评价功能获取以上两个指标(TTS、TTD),如图 5.10 所示。若不采取控制措施,则本案例中事故情况下的 TTS 为 11421h,TTD 为 495080km;采取 VMS 诱导控制后,TTS 下降至 11131h(下降 290h,降幅 2.53%),TTD 上增至 501390km(增加 6310km,增幅 1.27%)。由此可见,VMS 诱导控制能够有效提升路网运行效率。

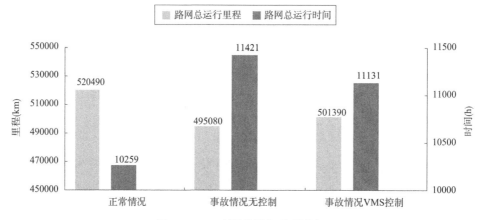

图 5.10　VMS 诱导控制路网评价指标

本案例中 VMS 所显示信息在图 5.2 中所示的 Ⅰ 类、Ⅱ 类和 Ⅳ 类信息中切换,VMS 控制序列如图 5.11 所示,正常情况下 VMS 显示 Ⅰ 类信息,当检测到路段发生事故后,VMS 显示信息在 Ⅱ 类(指向主路径)和 Ⅳ 类(指向次路径)之间切换,各信息显示时间占比由式(5.4)计算所得,事故影响消散后,VMS 重新显示 Ⅰ 类信息。

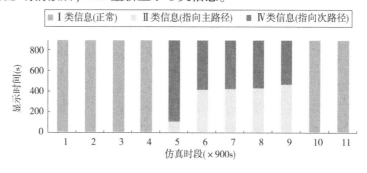

图 5.11　VMS 控制序列

第6章 高速公路车辆流入量控制技术

6.1 车辆流入量控制原理

当前我国高速公路拥堵的主要原因包括:①突发交通事件影响导致的通行能力降低;②交织区车辆汇入导致的排队拥堵;③7座及以下小型客车节假日免费通行政策导致交通需求激增,路网无法及时疏解。故对高速公路拥堵问题的研究应重点集中于收费站、事故多发路段及常发性拥堵路段。本章即研究如何通过合理调节车辆流入量,缓解因交通事件、交织区排队及节假日交通需求激增导致的交通拥堵,进而提升路网整体运行效率。

高速公路车辆流入量控制包含收费站通道控制和匝道控制两个方面,如图6.1所示。由于城际高速公路相较于城市快速路具有路网稀疏、收费站(类比于快速路中的匝道)距离较远等特点,故应按照局部控制、整体协调的原则对路段层面交通拥堵采取匝道控制,对路网层面的交通拥堵采取收费站通道控制。

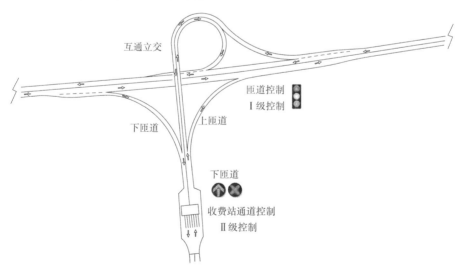

图6.1 入口收费站车流量调节

本章重点研究适合高速公路网的局部匝道控制和多匝道协调控制,如图6.2所示。并在此基础上利用 VISSIM 软件在仿真路网中实现控制策略,测试其在不同路网场景(突发事件、节假日交通需求激增)下的控制效果。需要说明的是,本章所研究的控制对象均为线性高速公路,网状高速公路可通过 VMS 诱导控制"拆解"为线性高速公路。

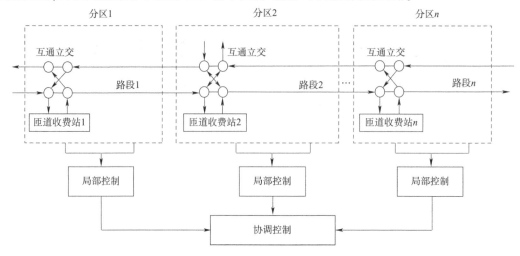

图 6.2 高速公路匝道控制系统

6.2 单点反馈控制

6.2.1 仿真区域建模

本节以 S38 沿江高速公路 *AD-T*3 匝道收费站作为研究对象,通过 VISSIM 微观交通仿真软件搭建仿真环境,并采用 ALINEA 算法进行局部控制,分析其控制效果。

图 6.3 所示为相应的仿真模型:在上匝道区域的上游、中游及下游分别布设线圈检测器,用于采集车流量、车速及占有率等数据,同时在主线路肩车道及上匝道信号灯处分别布设排队长度检测器。值得一提的是,随着图像处理技术的进步,以上检测数据也可通过视频检测手段获取。

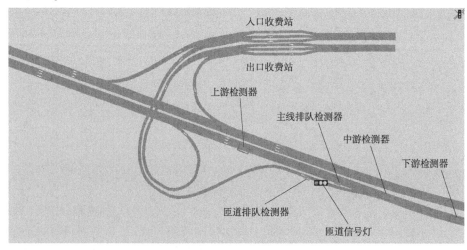

图 6.3 *AD-T*3 收费站 VISSIM 模型

图 6.4a)所示为上游交通量与上匝道交通量的时变图,主线交通量在 2100 仿真秒至 7500 仿真秒之间超过 2500veh/h,上匝道交通量也在此期间达到了 1000veh/h 左右,交通需求的激增导致中游平均车速在高峰期间降至 40km/h(下游平均路段未受影响,平均车速维持在 80km/h 左右),如图 6.4b)所示。

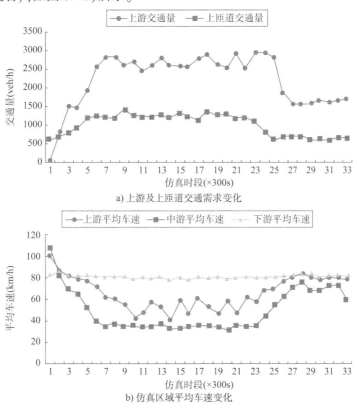

a) 上游及上匝道交通需求变化

b) 仿真区域平均车速变化

图 6.4 仿真区域交通状态变化(无控制)

6.2.2 ALINEA 控制

ALINEA 控制是利用经典自动控制理论建立反馈控制方法,通过调整匝道流入率使得其下游主线的占有率尽量维持在理想状态,其核心算法公式如下:

$$r(k) = r(k-1) = k_r [O_{crt} - O_{cc}(k)] \tag{6.1}$$

式中,$r(k)$ 代表 k 时刻入口匝道调节率;$O_{cc}(k)$ 为下游检测占有率;O_{crt} 为设定的最佳占有率;k_r 为对应的增益系数。

图 6.5a)所示为中游车道占有率与交通量的关系图,由图可知:当车道占有率维持在 40% 左右时,对应交通量最大,而在不采取任何控制措施的情况下,中游车道占有率在高峰时段均超过了 45%(图 6.5b)。

本节中的仿真实验通过 ALINEA 控制调节匝道信号灯通过率,以此改善主线交通状况,提高收费站区域整体通行效率。仿真参数设置如下:仿真周期 10000s,检测周期 300s。ALINEA 控制算法参数设置如下:最佳车道占有率 O_{crt} 设置为 35%,增益系数 k_r 设置为 3,匝道信号灯初始通过率 $r(0)$ 设置为 0.5,当经过优化得到的 $r(k)$ 大于 0.8 时,则实际控制中 $r(k)$ 取 1(匝道完全开放);优化得到 $r(k)$ 小于 0.2 时,则实际控制中 $r(k)$ 取 0(匝道关闭)。

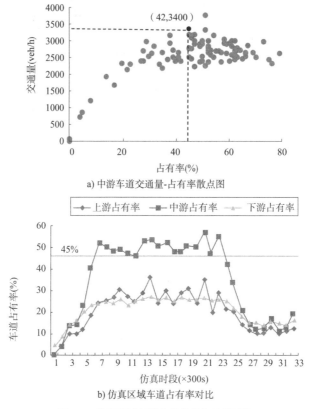

a) 中游车道交通量-占有率散点图

b) 仿真区域车道占有率对比

图 6.5　仿真区域车道占有率变化(无控制)

图 6.6 所示为 ALINEA 控制下的仿真路网交通状态变化过程:由上匝道汇入主线的车辆会引起主线最外侧车道(路肩车道)车辆的减速,在交通量较大的情况下会导致路肩车道出现车辆排队,引发后续车辆的变道,进而导致该区域交通混乱及拥堵,而匝道控制正是合理控制了汇入主线的交通量,以此保证主线的运行畅通。

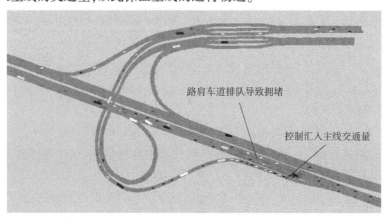

a) 合理控制匝道汇入主线交通量

图　6.6

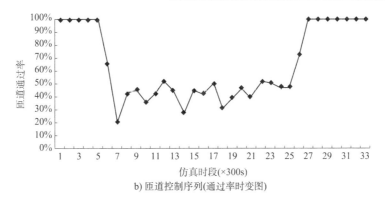

b) 匝道控制序列(通过率时变图)

图 6.6 仿真路网匝道控制过程

图 6.7 所示为采用 ALINEA 控制策略后仿真区域交通状态变化:中游的平均车速在高峰时段(2100~7500s)稳定在 60km/h 左右,车道占有率维持在 40% 左右,主线交通状态基本处于较为畅通的水平。

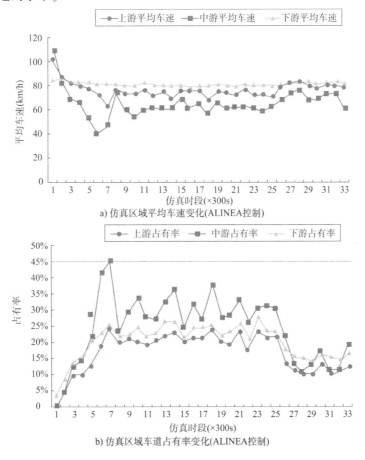

a) 仿真区域平均车速变化(ALINEA控制)

b) 仿真区域车道占有率变化(ALINEA控制)

图 6.7 仿真区域交通状态变化(ALINEA 控制)

匝道控制一方面能够合理调节汇入主线的交通量,但是另一方面会造成上匝道车辆的排队,尤其是在上匝道交通需求较大的情况下。因此,匝道控制的本质实际上是维持主线畅通和匝道排队长度之间的动态平衡。图6.8a)所示为控制前后仿真路网车辆总延误对比，图6.8b)所示为控制前后车辆总停车次数对比。

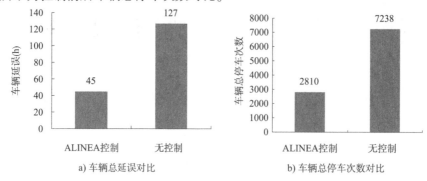

a) 车辆总延误对比   b) 车辆总停车次数对比

图6.8 仿真路网控制效果对比

由图6.9可知，ALINEA策略在降低路网车辆总延误及减少车辆总停车次数方面均能达到较好的控制效果(本案例中两项指标分别降低了64.5%及61.1%)，但同时需考虑上匝道的排队长度不能超过匝道长度限制，否则排队溢出会对收费站通道造成影响。

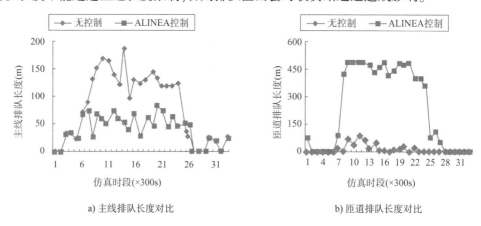

a) 主线排队长度对比   b) 匝道排队长度对比

图6.9 仿真区域排队长度对比

由图6.9可知，ALINEA控制虽然降低了主线路肩车道的排队，有效提高了主线的通行效率，但是也导致了匝道排队长度的增加，这也是ALINEA等局部控制策略在实际使用过程中的问题。因此，在路网交通需求较大的情况下，需考虑将多个匝道进行协调控制，合理分担交通需求，从系统层面对路网运行状态进行有效调节。

6.3 多匝道协调控制

启发式控制是基于经验的一种控制方法，在局部层面采用ALINEA控制或需求-容量差额控制等方法；在协调层面根据检测数据并结合经验计算得到匝道调节率。本节重点研究合作型控制方法Helper以及竞争型控制方法Bottleneck，构建相应仿真测试环境，并分析上述方法在弥补单点控制局限性方面的作用。

6.3.1 Helper 控制

Helper 匝道控制方法的核心思想即在单点层面采用局部反馈控制,在协调层面将上匝道排队长度超过设定阈值的区域判定为关键区域,并将超出部分折算成限制汇入主线的交通量,按照一定权重分配至上游各入口,如图 6.10 所示。

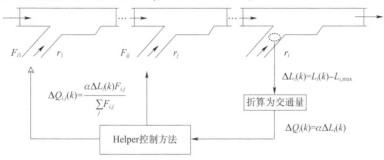

图 6.10 Helper 控制示意图

其公式可表述如下:

$$\Delta L_i(k) = L_i(k) - L_{i,\max} \tag{6.2}$$

$$\Delta Q_{i,j}(k) = \frac{a \Delta L_i(k) F_{i,j}}{\sum_j F_{i,j}} \tag{6.3}$$

$$r_{i,j}(k+1) = \begin{cases} r_{i,j}(k) - \dfrac{\Delta Q_{i,j}(k)}{q_{i,j}(k)} & \Delta L_i(k) > 0 \\ r_{i,j}(k) & \Delta L_i(k) < 0 \end{cases} \tag{6.4}$$

式中:$L_i(k)$——上匝道 i 在 k 时刻的排队长度;

$L_{i,\max}$——上匝道 i 最大排队长度;

$\Delta L_i(k)$——实际排队长度与最大排队长度的差值;

a——将车辆排队长度转换成交通量的系数;

$F_{i,j}$——匝道 i 上游匝道 j 的权重系数;

$\Delta Q_{i,j}(k)$——匝道 j 在 k 时刻需要分担的下游匝道 i 的交通量。

当 $\Delta L_i(k) > 0$ 时(匝道排队长度超过限制),则匝道 i 上游各匝道 j 依照权重进行流入量限制;当 $\Delta L_i(k) < 0$ 时,上游各匝道将不作调整,维持上一时刻的调节率。

本节中以 AD-T2、AD-T3 收费站及连接路段作为研究对象。图 6.11a)所示为仿真路网:收费站 AD-T1 及 AD-T2 的匝道为协助匝道,收费站 AD-T3 匝道为需协助匝道,仿真参数(仿真周期、检测周期、控制周期及交通需求等)均与 6.2 节中仿真路网相同。图 6.11b)及图 6.11c)分别显示了无控制条件下各收费站的上匝道需求及上匝道区域主线中游平均车速的变化,由图可知:AD-T3 上匝道的交通需求在高峰时段远大于 AD-T2 及 AD-T1 上匝道,由此导致 AD-T3 上匝道区域主线中游平均车速在高峰时段一度低至 40km/h 左右,而 AD-T1 及 AD-T2 上匝道区域主线中游在整个仿真时段内均维持较高平均车速(>60km/h),说明

AD-T1 及 AD-T2 具备了协助 AD-T3 实施 Helper 匝道控制的条件。

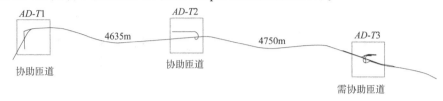

a) 仿真区域示意图(Helper控制)

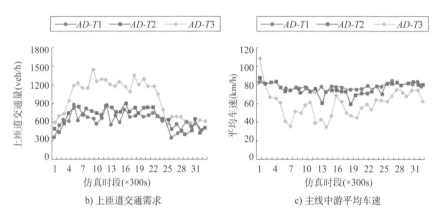

b) 上匝道交通需求　　　　　　　　c) 主线中游平均车速

图 6.11　仿真区域路网及交通状况(无控制)

图 6.12a)所示为采取 Helper 控制后 AD-T3 收费站上匝道排队长度的变化(限制最大排队长度为 350m)。由图可知,Helper 控制能够有效解决局部反馈控制导致的上匝道排队长度超限问题,排队长度一旦超过 400m,AD-T3 上游的 AD-T2 及 AD-T1 上匝道即按照 Helper 控制逻辑限制汇入主线的上匝道交通量,进而缓解下游 AD-T3 交通压力,保证 AD-T3 匝道排队车辆及时疏解。图 4.12b)所示为 AD-T2 上匝道通过率与 AD-T3 排队长度之间的变化关系,可清晰地看出,由于收费站间距的影响,AD-T2 上匝道减少通过率一段时间后,AD-T3 上匝道排队长度才会相应降低,这种控制效果上的延迟是因为 Helper 方法是一种反馈控制策略,而未对交通状态进行预测并实施提前控制。

6.3.2　Bottleneck 控制

ALINEA 方法及 Helper 方法的控制对象均是匝道及其周边区域,对于距离上匝道较远的下游路段无法实施有效控制,Bottleneck 方法弥补了这一缺陷,其在单点层面采用反馈控制法得到每个匝道的调节率;在协调层面则根据流量守恒原理计算得到需要减少的车辆流入总量,并按照一定权重分配至拥堵点上游各匝道。Bottleneck 方法与 Helper 方法的最大区别在于,前者同时计算单点层面及协调层面的匝道通过率,并取两者中的较小值,将其作为最终的匝道通过率。

Bottleneck 算法步骤可简述如下:

(1)检测并确定主线交通瓶颈,一般通过比较路段检测占有率与最佳占有率的差值,以及路段上、下游的交通量之差进行确定:如果检测占有率大于最佳占有率且上游流入量大于下游流出量,则可判定路段出现交通拥堵。

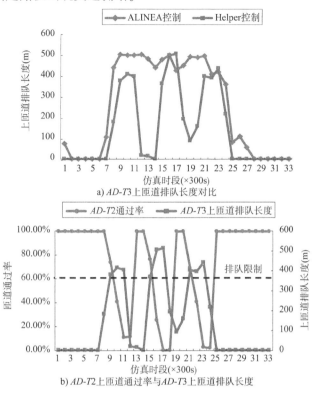

a) AD-T3 上匝道排队长度对比

b) AD-T2 上匝道通过率与 AD-T3 上匝道排队长度

图 6.12　Helper 控制效果

(2) 根据流量守恒原理,计算瓶颈路段上游各入口匝道通过率的降低总量,并按照经验权重将此降低量分配到瓶颈影响范围内的各关联入口匝道,交通瓶颈的影响范围及权重系数一般根据上游各匝道到瓶颈区域的空间距离和历史经验 OD 分布两方面因素预先设定。

在实际应用中,可将两收费站之间的路段区域分为若干控制子区(可按照视频检测设备的位置进行划分),通过视频检测数据可获知经过每个断面的车辆车牌号、车型及车身长度等信息,利用以上信息分析得到两相邻检测断面的进、出交通量差值。Bottleneck 控制示意图如图 6.13 所示。

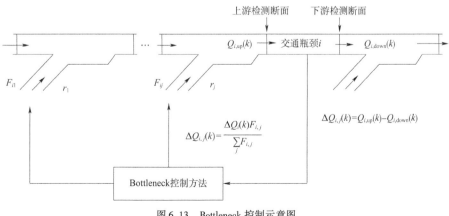

图 6.13　Bottleneck 控制示意图

其公式可表述如下：

$$\Delta Q_i(k) = Q_{i,\text{up}}(k) - Q_{i,\text{down}}(k) \tag{6.5}$$

$$\Delta Q_{i,j}(k) = \frac{\Delta Q_i(k) F_{i,j}}{\sum_j F_{i,j}} \tag{6.6}$$

$$r_{Bi,j}(k+1) = r_{i,j}(k) - K_P \frac{\Delta Q_i(k) F_{i,j}}{\sum_j F_{i,j}} - K_I \sum_k \Delta Q_i(k) \tag{6.7}$$

$$r_{i,j}(k+1) = \min(r_{Ai,j}(k+1), r_{Bi,j}(k+1)) \tag{6.8}$$

式中：$\Delta Q_i(k)$——瓶颈路段 i 上、下游检测断面在 k 时刻的交通量差；

$F_{i,j}$——瓶颈路段 i 上游匝道 j 的分配权重；

K_P、K_I——控制系数，相当于自动控制原理中的比例增益和积分增益；

$r_{i,j}(k+1)$——$k+1$ 时刻匝道 j 的通过率，取单点控制[$r_{Ai,j}(k+1)$]与协调控制[$r_{Bi,j}(k+1)$]之间的较小值。

本节以 AD-T1、AD-T2、AD-T3 收费站及连接路段作为研究对象，按图 6.14 为仿真路网：交通瓶颈路段位于 AD-T3 及 AD-T4 收费站之间，为获取仿真数据，瓶颈路段上依次布设了六个检测器（从下游至上游依次命名为检测器 6～检测器 1）。当路网交通需求较大，为缓解瓶颈路段的交通拥堵状况，采用 Bottleneck 方法对瓶颈点上游三个收费站（AD-T1、AD-T2、AD-T3）实施上匝道控制，以减少瓶颈路段压力，使得排队车辆及时消散。本节将从路段平均车速时空变化的角度分析 Bottleneck 方法的控制效果。

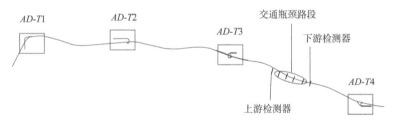

图 6.14 仿真区域示意图（Bottleneck 控制）

图 6.15 所示为瓶颈路段在无控制和 AD-T3 采取 ALINEA 控制情况下的速度时空变化，由图可知：一方面，在无控制条件下，瓶颈路段在 1500s（第 5 仿真时段）左右开始拥堵，随着上游交通量的持续增大，拥堵状态随之蔓延至上游区域，直到 8100s（第 27 仿真时段）后排队车辆才完全消散；另一方面，在瓶颈路段上游（AD-T3）采取单点匝道控制并不能有效缓解拥堵，如图 6.15b）所示，这是因为单点匝道控制只能提高与上匝道交织区的通行效率，并未对下游交通状态产生影响，且主线通行效率的提升反而会增大下游交通压力，加剧瓶颈路段交通拥堵。

图 6.16a）为无控制条件下瓶颈路段上、下游断面检测交通量的变化，图 6.16b）为对应的交通量差及累积交通量差（检测周期为 300s）。由图可知：仿真实验中，瓶颈路段在交通拥堵期间，上、下游断面单位时间内通过交通量的差值会呈现先增大后减少的趋势，在图 6.16a）中，阶段 1 上、下游断面交通量差值不断增大，随着下游拥堵蔓延至上游；阶段 2 交通量差值逐渐缩小；最终在阶段 3 中，上游到达交通量减少，瓶颈路段排队车辆逐渐消散。因此，单纯

通过上、下游断面的交通量差值无法准确反映瓶颈路段的拥堵情况(阶段2中差值很小),还需要通过瓶颈路段的累积交通量差进行辅助判断,类比于自动控制理论中的"积分控制"策略,本节中提出的改进型Bottleneck方法,将上、下游交通量差和瓶颈路段累积交通量差同时考虑在内,并通过相应的控制系数将其转化为上游各上匝道减少的通过率。

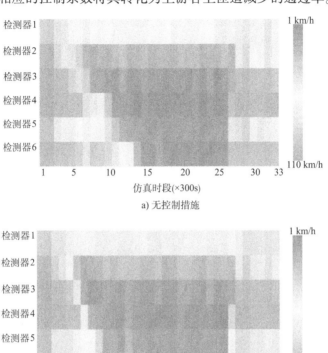

图6.15 瓶颈路段速度时空变化情况(无控制/ALINEA控制)

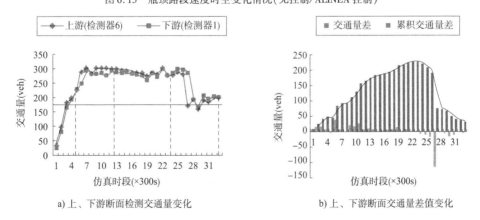

a) 上、下游断面检测交通量变化 b) 上、下游断面交通量差值变化

图6.16 瓶颈路段上、下游交通量变化情况(无控制)

仿真实验采取Bottleneck方法对路网实施控制,设置$K_P = 0.01$、$K_I = 0.001$,仿真周期10000s,检测周期300s,单点层面采取ALINEA控制,参数设置与6.2.1节中相同,仿真得到

的瓶颈路段速度时变情况如图6.17所示,由图可知:从第1500s(第5仿真时段)开始,瓶颈路段交通拥堵开始形成,由于控制系统及时检测到路段的交通状态变化并根据算法对上游三个上匝道(AD-T1、AD-T2、AD-T3)进行了合理限流,减轻了瓶颈路段上游的交通压力,因此,交通拥堵并未明显蔓延至路段上游区域且排队车辆在第7800s(第26仿真时段)即完全消散,相较于不采取控制提前了300s,瓶颈路段交通拥堵得到有效缓解。

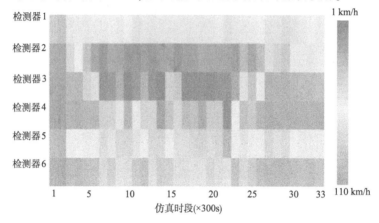

图6.17 瓶颈路段速度时空变化(Bottleneck控制)

从上匝道通过率及排队长度角度分析Bottleneck控制对上匝道的影响,如图6.18所示,各上匝道的排队长度虽有增长和波动,但均处于限制范围内,如果某一上匝道排队长度超限,可考虑减少其对应权重系数,缓解上匝道排队压力。

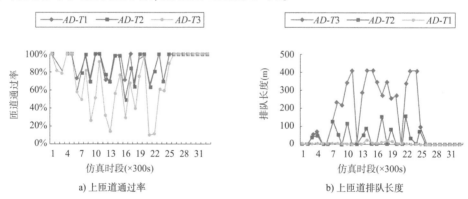

图6.18 上匝道通过率及排队长度(Bottleneck控制)

Bottleneck控制方法的逻辑相对简单,易于工程实施,但缺点与其他启发式算法一样,虽然能够对上匝道交织区或瓶颈路段的交通拥堵起到缓解作用,但是控制范围依然有限,没有系统层面的优化目标,且控制参数的选择也存在诸多经验因素。

总结以上高速公路车辆流入量控制方法,单点层面的匝道控制侧重对上匝道与主线交织区拥堵的疏解,能够非常有效地提高该区域通行能力,降低延误和停车次数,但同时容易造成上匝道排队超过限制;协调层面的Helper控制方法能够有效解决排队超限的问题,但对距离上匝道较远的下游瓶颈路段控制效果不佳;Bottleneck控制方法通过检测瓶颈路段上、下游断面交通量差,将限流量合理分担至上游各上匝道,能够有效缓解瓶颈路段拥堵,同时通过单点控制保证上匝道与主线交织区域的通行能力,但如果各匝道分担限流量的权重设置不当,可能会造成上匝道排队过长。

6.4 收费站通道控制

6.4.1 控制原理

基于反馈控制的收费站通道数调节作为一种闭环控制方法,需周期性检测高速公路主线交通状态,并将其与期望交通状态的差值作为控制输入,同时综合考虑收费站通道排队容量、通过率边界等约束,通过调节收费站开放通道使得主线交通状态维持在期望值附近,进而提高路网运行效率。收费站通道控制算法原理如图 6.19 所示。其中,$K(t)$ 为 t 时刻检测路段交通密度,K_{obj} 为路段期望密度,$\Delta K(t)$ 为交通状态差值,K_r 为比例控制参数。基于反馈控制的收费站通道调节方法主要特点如下:

(1)采用闭环控制结构,通过检测反馈修正控制变量,相较于容量-需求差额控制等开环算法,系统的鲁棒性更好;

(2)控制变量为周期时段内收费站开放通道数,不需要额外的信号灯组设备,可实施性更好,且方案执行周期相较于连续型控制更长(如果在短时间内频繁调整收费站通道数反而会使得排队等待的驾驶员无所适从,故一次方案需保持一定时间);

(3)将收费站通道排队长度作为惩罚项考虑在内,保证排队长度不超过收费站容量限制。

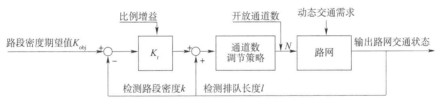

图 6.19 收费站通道控制算法原理

整个过程可描述为:在动态交通需求作用下每隔 Δt 时段调整一次收费站的开放通道数,并根据动态网络交通流模型推算每个时段的路网状态及运行效率指标(反馈过程相当于将每个时段得到的路网交通状态作为下一时段的系统输入)。仿真流程如图 6.20 所示。

6.4.2 仿真案例

本文以某一线性高速公路为例,验证收费站通道调节算法的效果。图 6.21a)所示的一条高速公路由 6 个路段和 3 个入口收费站、2 个出口收费站组成,各路段长度依次为 5km、4km、4km、4km、5km、4km,除路段 AB、BC 为两车道外,其他各个路段均为三车道,假定各路段中各车道的交通流参数均相同:"速度-密度"关系为 $V = 115 \times \left[1 - \left(\dfrac{K}{K_{\max}}\right)^{1.4}\right]^{3.0} + 5$,拥挤密度为 $k_{\max} = 110\text{veh}/(\ln \cdot \text{km})$,自由流车速为 $V_f = 110\text{km/h}$,路段期望密度为 $K_{obj} = 35\text{veh}/(\ln \cdot \text{km})$,每条车道的通行能力 $Q = 2200\text{veh}/(\ln \cdot \text{km})$。各收费站单通道通行能力

均为600veh/(ln·km)，入口通道数分别为7个、6个、4个、2个，图6.21b)所示为模拟的各收费站入口0～100个仿真时段的动态交通需求(本案例中1仿真时段即为1min)。

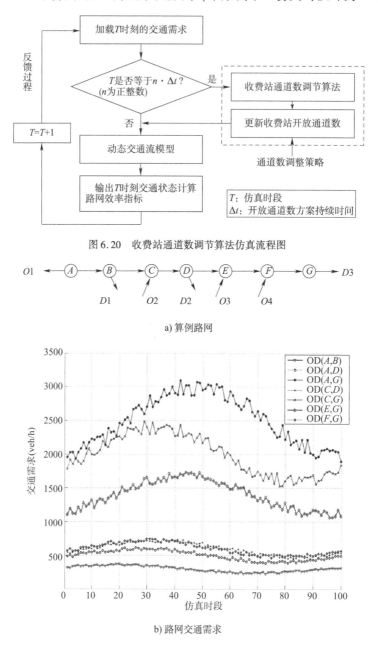

图6.20 收费站通道数调节算法仿真流程图

a) 算例路网

b) 路网交通需求

图6.21 算例路网结构及对应交通需求

基本效果测试设定如下两个不同的场景，并比较各自对应的路网交通状态和路网运行总耗时(TTS)：

(1)场景一:不采取任何的控制措施,仅考虑主线最大密度限制等物理约束；

(2)场景二:采用通道调节方法对收费站 $O1$、$O2$、$O3$、$O4$ 进行流量控制。

图 6.22 所示为场景二各收费站开放通道数的时变轨迹图,控制系统每隔 25 个时段检测一次路网状态,同时调整开放的通道数目。

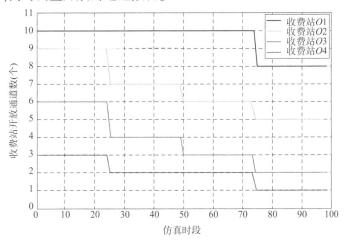

图 6.22 收费站开放通道数时变轨迹

图 6.23 所示为采取通道数调节前后的路网状态比较,通过密度和速度参数反映路网交通状态的变化。图 6.24 所示为采取通道数调节前后,各收费站排队长度的变化。

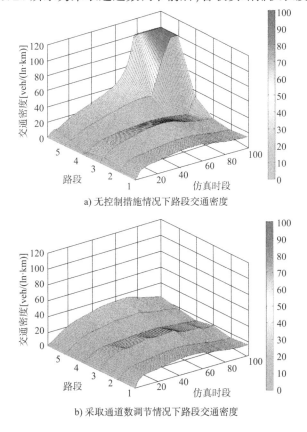

a) 无控制措施情况下路段交通密度

b) 采取通道数调节情况下路段交通密度

图 6.23 采取通道数调节前后路段交通密度对比

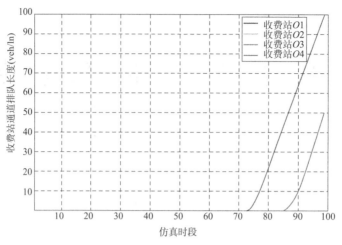

a) 无控制措施情况下收费站通道的排队长度

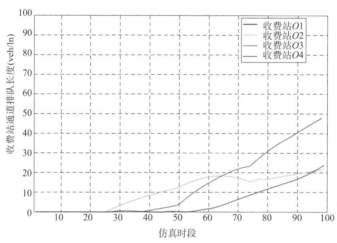

b) 采取通道数调节情况下收费站通道的排队长度

图6.24 采取通道数调节前后收费站通道的排队长度对比

由图6.24a)可知:在不采取任何控制措施的情况下,路段4、5、6在80个仿真时段后将出现严重拥堵,路段密度达到100veh/(ln·km),路段5和路段6中的车辆因拥堵完全停止,收费站$O4$因主线拥堵,车辆无法汇入而产生较长的排队(超过100veh/ln)。此外,收费站$O2$未出现明显的车辆排队,通道空间未得到充分利用,计算得到此状态下路网总耗时TTS为1.8630×10^5 veh·h。收费站通道数调节保证了各路段状态保持在畅通范围内[路段密度未超过40veh/(ln·km)],且收费站$O4$的排队长度也较之调节前大幅降低(20veh/ln),收费站$O2$排队长度虽略有上升,但尚在可接受范围之内,计算得到路网总耗时TTS为1.5674×10^5 veh·Δt,相较于不采取控制,路网整体效率提升了15.8%。

第7章 高速公路网多方式协同控制技术

7.1 协同控制原理

高速公路 VMS 诱导控制、车辆流入量控制等方法能够有效缓解区域路网交通拥堵,提升运行效率,但是单独的控制措施影响范围有限,即便如第 6 章所探讨的多匝道协调控制(Helper、Bottleneck),其影响范围也仅限于若干匝道及所连路段,无法应对更大规模的路网事件(节假日交通需求激增、大范围雨雪冰冻灾害等)。此外,以瓶颈路段占有率、匝道排队长度等参数单独作为控制目标,无法从系统层面提升路网运行效率。因此,本章研究如何将多种控制方式(VMS 控制、单点匝道控制、匝道协调控制、收费站通道控制)相结合,针对不同的路网事件场景,从系统优化的角度实施控制,并借助 VISSIM 仿真软件对控制效果进行分析评价。

7.1.1 协调控制逻辑

高速公路网中的每一条高速公路之间通过连接匝道连成一体,各条高速公路之间存在着互为输入、输出的关系,任何一条道路交通状态的变化都会影响到其他道路控制策略的变化。为了实现整个路网的协调运行,需要将多种控制方式综合考虑,其核心思想是:将整个路网分解相互连接的线性高速公路,建立以线性高速公路控制为基础、VMS 诱导控制为指导的双层路网控制模型(线性高速公路中也存在区域 VMS 诱导控制)。上层是路网级别的 VMS 诱导控制,下层则是路段级别的车辆流入量控制。多方式协同控制逻辑如图 7.1 所示。

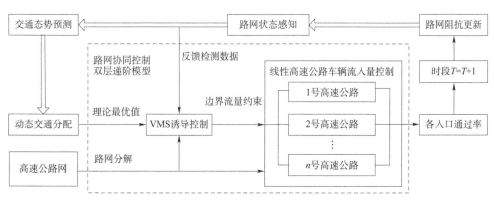

图 7.1 多方式协同控制逻辑

7.1.2 高速公路网分区

VMS诱导控制根据动态交通流分配结果确定交通量在路网中的分配,由路网节点拓扑关系确定各条高速公路的流量边界约束,并将高速公路网"拆解"为多条线性高速公路(图7.2),在此基础上对各条高速公路独立实施车辆流入量控制。

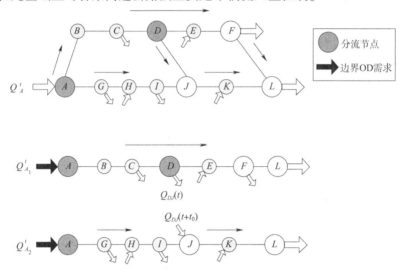

图7.2 高速公路网分区示意图

流量边界约束如下:

$$Q^t_{A_1} + Q^t_{A_2} = Q_{tA} \tag{7.1}$$

$$Q_{DJ}(t) = Q_{DJ}(t+t_0) \tag{7.2}$$

其中:Q^t_A、$Q^t_{A_1}$、$Q^t_{A_2}$——进入A点总流量和沿B、G方向运行的流量;

$Q_{DJ}(t)$——t时刻D点向J点的分流量;

$Q_{DJ}(t+t_0)$——$t+t_0$时段J点自D点汇入的流量(t_0为D到J的运行时间)。

流量$Q^t_{A_1}$和$Q_{DJ}(t)$的分配需要通过VMS诱导控制来确定和协调,在进行车辆流入量控制的过程中应保持不变。采取以上路网分区方法的优点在于:

(1)将复杂的高速公路网通过VMS诱导控制分解为若干线性高速公路,再对线性高速公路实施车辆流入量控制,降低了控制的复杂程度,且多条线性高速公路的控制方案可以并行生成,在实时性要求较高的应用场合具有效率上的优势。

(2)我国省域范围内的高速公路网管理层级一般包括省级路网控制中心和下属各条高速公路管理分中心(分中心下属各路段管理处),其组织架构与上文中提出的双层递阶控制模型相吻合,VMS诱导控制可通过省级路网中心下发执行,大体确定了交通量在路网范围内的分布趋势,车辆流入量控制则可由各高速公路分中心具体实施,对局部路网区域运行状态进行调节。

本节从VMS诱导控制和车辆流入量控制两个方面论述高速公路网系统优化的目标(准则):

(1)VMS诱导控制。

VMS 诱导控制的目标是引导车辆选择合理路径,避免路网中出现拥挤、加速已有排队消散和减少不必要的排队等待。当用户最优准则与畅通准则不矛盾时,可直接以用户最优准则作为诱导控制的依据,但是当发生交通事故或区域交通需求激增时,采取用户最优准则可能会与畅通准则相矛盾。因此,此处考虑加入排队长度限制和主线拥挤限制的惩罚项,构建受限的用户最优诱导控制准则:

$$T = T(Q) + \sum_i (k_i \cdot l_i) + P_0 \quad (7.3)$$

式中:T——选择某条路径的费用;

$T(Q)$——路径的费用-流量关系;

l_i——路径中各入口(此处入口包括收费站通道及上匝道)的排队长度;

k_i——相应的转换系数,与该入口的重要性和交通需求有关;

P_0——主线惩罚,主线畅通情况下 $P_0 = 0$。

出现拥挤和排队时,P_0 取正值。通过以上准则,将路网畅通原则与用户最优原则相统一,VMS 诱导控制根据路网中各条路径的费用进行动态交通流分配,并根据分配结果和实际检测的节点分流比,发布相应诱导信息。

(2)车辆流入量控制。

作为双层控制的下层,线性高速公路车辆流入量控制的目标需要与上层的 VMS 诱导控制相协调,通常采用两种重要的目标函数:①路网车辆总运行时间最小;②路网车辆总运行里程最大。在交通需求压力不大的情况下,高速公路网的控制应以用户最优为控制目标,车辆流入量控制应以总运行时间最小作为目标函数;而在交通压力增大的情况下,路网控制的目标向维持畅通运行靠拢,此时车辆流入量控制也与之相协调,选择总运行距离最大为目标函数,优先放行长距离交通,对短途交通进行限制。另外,同一时刻路网中各条高速公路的交通压力也各不相同,各条线性高速公路的控制目标选择应根据自身情况而定,并不是所有高速公路要同时采用同样的控制目标。

7.2 模型预测控制方法

7.2.1 控制系统结构

本节所讨论的模型预测控制方法(Model Predictive Control,MPC)旨在通过对交通需求的预测,以优化函数为目标,合理调控从入口收费站进入主线的交通量。MPC 控制从功能结构上主要包括检测层、预测层及优化层三个层面,各层功能及特点如下:

(1)检测层:作为在线控制策略,检测层周期性采集路网交通流参数,包括路段交通量、占有率、平均车速、匝道排队长度等信息,并将以上参数将作为预测层的输入。

(2)预测层:预测层在历史交通需求数据、实时检测参数及交通事件信息等基础上对路网当前交通状态进行评估,并对下一控制周期的交通需求进行预测,当前交通状态及预测交通需求将同时作为优化层的输入。国内外关于交通需求预测的研究很多,本书在此不再展开叙述,只在书中假设预测层能够对交通需求进行准确预测。

(3)优化层:优化层将当前时刻作为初始时的($t=0$),并将当前交通状态作为初始状态$x(0)$,在给定预测交通需求$d(t)(t=1,2,\cdots,K_\mathrm{P})$的基础上,根据设定的优化目标生成预测时段内的最优控制序列,并最终将该最优控制序列作用于高速公路网。

模型预测控制按照"检测-预测-优化"的顺序不断更新控制序列,本书将仿真周期分为多个预测时段,每个时段长度为K_P,同时为增强系统的抗干扰能力,在控制算法中采取滑动窗技术,即:控制系统对K_P时段内的交通需求进行预测,并在此基础上通过优化算法得到控制序列,但仅在K_C时段内实施该控制序列($K_\mathrm{C} \leqslant K_\mathrm{P}$),在此之后,重新检测路网状态,将更新后的状态作为初始状态$X(0)$,并再次对K_P时段内交通需求进行预测,得到优化后的控制序列并予以执行。滑动窗技术原理如图7.3所示。

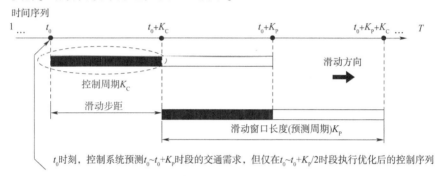

图7.3 滑动窗技术原理

相较于各类基于检测反馈的车辆流入量控制方法,MPC控制法能够提前对路网状态进行预判,并在此基础上实施优化控制,有效地解决了控制效果的延迟问题。同时,通过引入滑动窗技术,将每个预测周期起始的检测状态重新作为初始状态,能够有效消除上一个预测周期内的误差,增强了控制系统的抗干扰能力和稳定性。

7.2.2 控制系统过程

图7.4所示为MPC控制的完整过程。

图中:向量$\vec{X}(t)$代表了t时刻路网的交通状态,包括交通量、路段密度、平均车速及匝道排队长度;向量$\vec{D}(t)$代表t时刻各起讫点之间的实际交通需求,$\vec{D}_\mathrm{his}(t)$代表历史交通需求,$\vec{D}_\mathrm{fore}(t)$则代表了预测交通需求[$\vec{X}(t)$和$\vec{D}_\mathrm{his}(t)$共同作为预测层的输入,对$t\sim t+K_\mathrm{P}$时段内的交通需求进行预测]。$\vec{U}_\mathrm{sim}(t)$为优化过程中试算的模拟控制序列,经过优化算法从多个模拟控制序列中得到$t\sim t+K_\mathrm{P}$时段内的最优控制序列$\vec{U}_\mathrm{opt}(t)$。需要说明的是:优化过程将预测交通需求及模拟控制序列同时作为路网交通流模型的输入,通过计算得到路网的评价指标,并在此基础上选择出最优控制序列。

以上优化问题可通过优化方程表述如下:

目标函数:

$$\min \quad J = \sum_{t=0}^{K_\mathrm{P}} \phi[\vec{X}(k), \vec{U}(k), \vec{D}(k)] \tag{7.4}$$

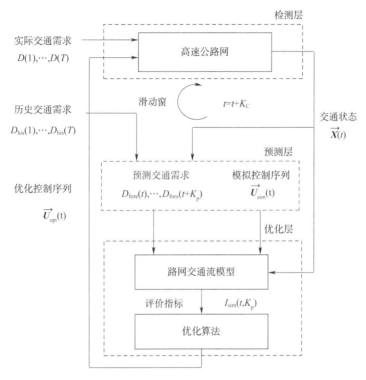

图 7.4 MPC 控制过程

约束条件：

$$\vec{X}(k+1) = f[\vec{X}(k), \vec{U}(k), \vec{K}(k)] \tag{7.5}$$

$$u_{\min} \leq u \leq u_{\max} \tag{7.6}$$

式中：ϕ——非线性的成本函数；

J——对应评价指标；

$f(\cdot)$——交通流模型（下一节中将详细介绍）；

u——控制序列中的任意入口的通过率；

$u_{\min}$、$u_{\max}$——对应的最小、最大通过率。

7.2.3 优化目标函数

本节中选取路网车辆总运行时间指标 TTS 作为路网评价的基础（车辆总运行时间包括行驶时间及排队等待时间），同时将各收费站通道的超限排队长度作为惩罚项。此外，为了抑制收费站通道数的频繁调整和大幅度波动，在成本函数中加入相关惩罚项，则路网系统在整个时间周期 $K(t=1,2,\cdots,K)$ 内的成本函数（cost function）可表述如下：

$$J_1 = \text{TTS} = T_s + T_t = \sum_{t=1}^{K}\sum_{a}\sum_{i}\sum_{j}(k_{ij,t}^a \cdot L_a \cdot N_a + l_{i,t}) \cdot \Delta t \tag{7.7}$$

$$J_2 = \sum_{t=1}^{K}\sum_{i} a_1 \max[0,(l_{i,t} - l_{\max,i})] \cdot \Delta t \tag{7.8}$$

$$J_3 = \sum_{t=1}^{K}\sum_{i} a_2 (u_{i,k} - u_{i,k-1})^2 \Delta t \tag{7.9}$$

$$J = J_1 + J_2 + J_3 \tag{7.10}$$

式中：T_s——路网车辆总行驶时间；

　　　T_t——路网车辆总等待时间；

　　　J_1——路网车辆总运行时间；

　　　J_2——排队长度超限惩罚项；

　　　J_3——抑制通道数频繁调整的惩罚项；

　　　J——综合考虑了以上因素后的成本函数。

完整的优化目标函数如下：

$$J = \sum_{t=1}^{K} \sum_{a} \sum_{i} \sum_{j} (k_{ij,t}^a \cdot L_a \cdot N_a \cdot l_{i,t}) \cdot \Delta t + \\ \sum_{t=1}^{K} \sum_{i} [a_1 \max[0, (l_{i,j} - l_{\max,i}) + a_2(u_{i,k} - u_{i,k-1})^2] \cdot \Delta t] \tag{7.11}$$

7.2.4 优化问题求解

本书采用遗传算法（Genetic Algorithm，GA）求解上述优化问题，因为遗传算法无须关注优化过程，适用于非线性优化问题的求解。算法中需要设置初始种群，种群中的个体称为"染色体"，染色体上的基因片段即对应线性高速公路中各入口收费站的开放通道数，评价每条染色体的函数称为适应度函数（Fitness Function，FF）。种群的繁殖过程主要包括复制、杂交、变异等。生成初始种群的过程给基因片段赋初值（基因片段值即为收费站开放通道数目），假设控制周期为 K_c，控制对象包含 N 个收费站，则一条染色体中的基因片段数为 K_cN；种群繁衍过程根据染色体适应度对种群个体进行繁衍操作，适应度越高的染色体复制的概率越大，发生杂交及变异的染色体则随机选取。

遗传算法求解优化问题流程如图 7.5 所示。

7.3 仿真案例分析

高速公路网交通流模型是实施模型预测控制的基础之一，在路网规模较大的情况下，单纯通过数学模型难以描述复杂的交通流运行特征。因此，本书采取的思路是通过 VISSIM 仿真软件构建路网模型，并通过实际数据对模型参数进行标定。

7.3.1 仿真路网建模

图 7.6 所示为仿真路网区域及 VMS 设备布设情况，除了在枢纽节点 A 处布设 VMS 之外，在 AD-T1、AD-T3 及 AD-T5 收费站处同样布设了 VMS，用于在入口收费站关闭的情况下，诱导车辆选择相应的国省干道（AD-S2、AD-S4、AD-S6）绕行。在检测器布设方面，在仿真路网中的各上匝道、瓶颈路段及主要路径分别设置了线圈检测器、排队长度检测器以及行程时间检测器，对 CD 段高速公路设置了节点评价，用于采集延误及最大排队长度等数据，各检测器每 300s 返回一次检测结果。在车流量输入方面，参考节假日路网区域的实际交通量变

化、车辆组成及车速分布等信息,在仿真路网各边界点处(A、B、C、D)设置车流量输入,仿真时长设为10000s。

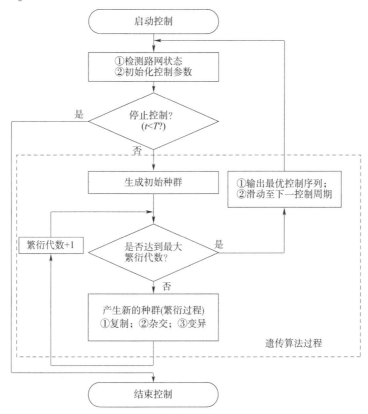

图 7.5 遗传算法求解优化问题流程

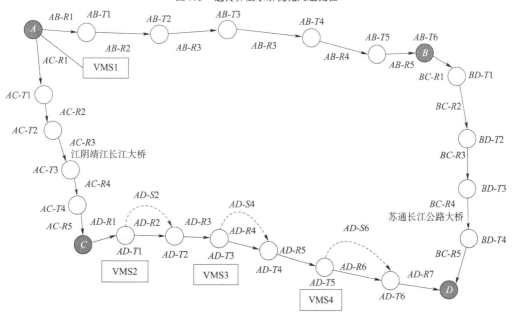

图 7.6 仿真区域及 VMS 布设情况

为使仿真模型更贴近实际情况,本书采集了仿真区域在2016年"五一"节假日期间部分高速公路收费站的车流量数据及交通事故、拥堵及交通管制信息。以苏通长江公路大桥收费站(*BD-T*3)为例,图7.7所示为该收费站节假日三天的车流量统计情况,由图可知:假期第一天(4月30日),苏通长江公路大桥由南往北的车辆数远超由北往南的车辆数;假期最后一天(5月2日),由北向南行驶的车辆数则超过了由南往北的车辆数,该现象可能与假期初始阶段大量车辆驶离上海市区而假期结束后集中返回市区的行为特征有关。

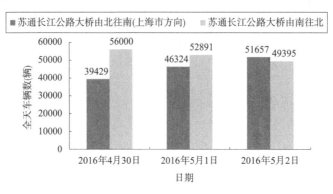

图7.7 苏通长江公路大桥收费站2016年"五一"假期车流量统计

图7.8所示为仿真区域部分收费站往上海市区方向的车流量统计情况(2016年5月2日00:00—23:00,每5min统计一次)。

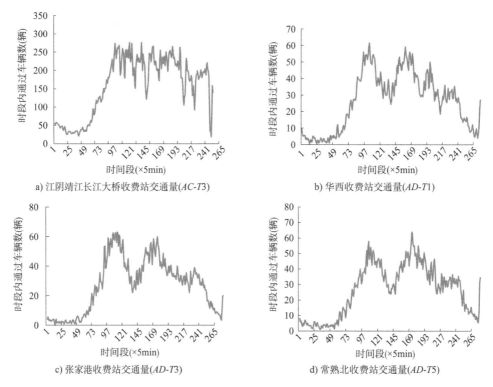

图7.8 仿真区域部分收费站交通量统计

据统计,2016年5月2日当天,仿真区域内共发生有记录交通事故29起,交通拥堵7

次,最长缓行距离长达19km。因此,为了验证控制算法效果,本案例中模拟节假日交通需求激增导致的交通事故频发及交通拥堵场景,各层级事件及相应控制措施如表7.1所示。

事件场景及相应控制措施　　　　　表7.1

事件等级	事件场景	控制措施
路网层级	江阴靖江长江大桥(AC-R3)发生交通事故,导致严重交通拥堵,A—C—D路径行程时间大幅增加	VMS诱导控制:通过节点A处VMS发布诱导信息,根据检测情况,合理诱导车辆选择次路径(A—B—D)绕行
路线层级	C—D路径高峰时段交通需求激增,导致部分入口收费站车辆排队,上匝道与主线交织区域拥堵	收费站通道控制:通过控制收费站开放通道数对车辆流入量进行调节,同时发布相应诱导信息
路段层级	AD-R4段部分区域存在交通瓶颈,在交通需求激增情况下,出现交通拥堵,车辆排队并蔓延至上游	匝道控制:采取Bottleneck方法对瓶颈路段上游各入口匝道实施控制,单点层面采取ALINEA匝道控制策略

7.3.2　事件影响分析

图7.9所示为事件(通过VISSIM二次开发实现)影响下的仿真路网运行情况:江阴靖江长江大桥(AC-R3)因事故导致车速降低;CD段高速公路部分上匝道区域及AD-R4瓶颈路段因交通需求激增导拥堵,并蔓延至上游路段区域。

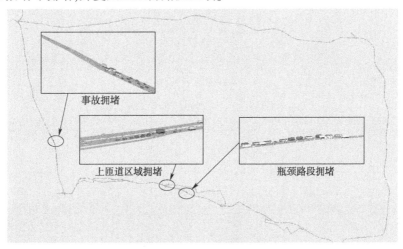

图7.9　事件影响下的仿真路网运行情况

图7.10所示为各主要路段(AB、BD、AC、CD)及路径(A—B—D、A—C—D)的行程时间变化,由图可知,AC段因AC-R3路段事故影响,导致行程时间在第6000~8700s出现陡增,CD段因瓶颈路段及上匝道区域拥堵,行程时间较正常情况下有所增加,次路径A—B—D(AB段、BD段)行程时间基本稳定。

图7.11所示为瓶颈路段的平均车速时空变化。

拥堵点从第2100s开始从下游(检测器2)蔓延至上游(检测器6),导致了CD段行程时间的增加。图7.12a)显示了CD段高速公路整体延误的变化,图7.12b)显示了CD段高速公路各入口最大排队长度的变化。由图可知,CD段高速公路在高峰时段延误呈现持续增长趋势,直到第8100s后开始降低,而CD段各入口最大排队长度峰值在75m左右,尚有多余的排队空间可利用(假设最大排队长度为400m)。

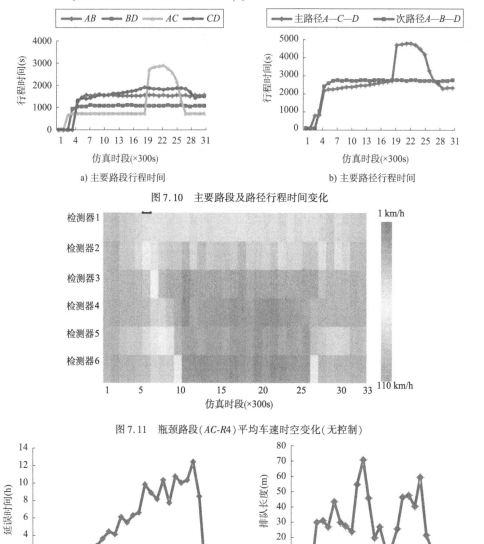

a) 主要路段行程时间　　　　　　　b) 主要路径行程时间

图7.10　主要路段及路径行程时间变化

图7.11　瓶颈路段(AC-R4)平均车速时空变化(无控制)

a) CD段总延误　　　　　　　b) CD段各入口最大排队长度

图7.12　CD段高速公路交通状态(无控制)

从路网运行指标角度分析,若不采取控制措施,事件影响下的路网车辆总运行时间(TTS)为8646.8h,总运行里程(TTD)为590234.7km,总延误(TDT)为1108.1h。

7.3.3　局部反馈控制

本节采用VMS诱导控制及Bottleneck匝道协调控制应对交通事故及瓶颈路段造成的拥

堵状况。其中,VMS诱导控制通过枢纽节点 A 处的可变信息标志发布诱导信息,合理分流一部分车辆选择次路径 $A—B—D$ 运行,避开主路径 $A—C—D$ 上的事故路段;Bottleneck 匝道系统控制通过合理限制瓶颈路段(AC-$R4$)上游各入口匝道的通过率,缓解主线交通压力,抑制拥堵点的蔓延。

图 7.13a)所示为 VMS 诱导控制作用下的主、次路径分流比,次路径在事故期间起到了一定的分流作用,缓解了事故路段的交通压力;图 7.13b)所示为 Bottleneck 控制作用下的瓶颈路段上游各匝道通过率变化,各匝道按照距离瓶颈路段的距离分配限流权重,距离越近,限流权重越大。

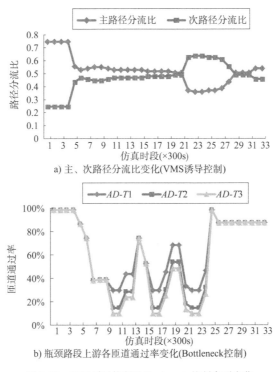

图 7.13　VMS 诱导控制及 Bottleneck 控制序列变化

图 7.14a)所示为瓶颈路段平均速度时空变化图,相较于不采取控制措施,瓶颈路段的拥堵状况得到了有效的缓解,主线的畅通运行得以保证,与此同时,上游各匝道因采取限流而出现了不同程度的排队现象。以 AD-$T3$ 为例,排队长度变化如图 7.14b)所示,因为距离瓶颈路段最近,所以 AD-$T3$ 上匝道分配的限流权重最大,排队峰值接近 500m,已经超过了设定的 400m 最大排队长度限制,此时应考虑关闭对应的收费站通道,诱导由 AD-$T3$ 收费站进入主线的车辆沿 AD-$S4$ 国省干道绕行,减缓 AD-$R4$ 瓶颈路段拥堵。采取 VMS 诱导控制及 Bottleneck 匝道协调控制措施之后,仿真路网在相同条件下的路网车辆总运行时间(TTS)为 8497h,总运行里程(TTD)为 595024km,总延误(TDT)为 969h。

7.3.4　多方式协同控制

由 7.3.3 节分析可知,独立的 VMS 诱导控制或入口匝道控制只能针对特定事件场景发

挥作用,在应对多种事件(交通需求激增、交通事故、瓶颈路段拥堵)的叠加影响时存在如下不足:

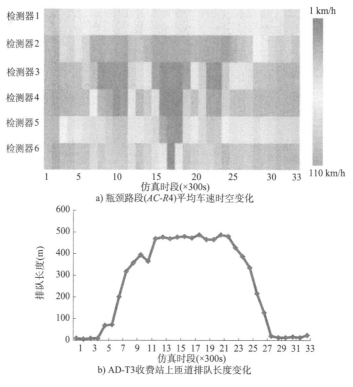

图 7.14　瓶颈路段平均车速及 AD-T3 匝道排队长度变化(Bottleneck 控制)

(1) 以单一评价指标作为控制目标,往往顾此失彼,致使其他指标效益变差。如 7.3.3 节中的 Bottleneck 控制,虽然缓解了瓶颈路段拥堵,保证了主线运行效率,但若对各匝道限流权重设置不当,易造成匝道排队超限。

(2) 控制效果存在延迟。无论是 VMS 诱导控制还是 Bottleneck 控制,其原理均为根据检测路网状态变化调整控制参数,不能实现对路网状态的提前预判及对路网事件的预防控制。

(3) 控制方式之间缺乏协同:虽然 7.3.3 节中对路网同时实施了 VMS 诱导控制和 Bottleneck 控制,但是究其本质仍然是各方式的独立控制,未能形成协调,且未实现利用国省干道进行合理分流。

因此,本节分析多方式协调控制情况下的路网运行情况,具体过程如下:应对交通事故造成的拥堵依旧采用在枢纽节点 A 实施 VMS 诱导控制的措施,应对瓶颈路段拥堵依旧采用 Bottleneck 匝道协调控制,除此之外,利用 AD-T1、AD-T3、AD-T5 处的 VMS 设施实施路径诱导控制,合理引导由收费站进入主线的车辆选择国省干道(AD-S2、AD-S4、AD-S6)进行绕行,为贴近实际情况,假定收费站通道仅存在全开和全关两种情况,即当收费站通道开放时,VMS 诱导控制根据路径行程时间计算节点分流比,诱导一部分车辆选择国省干道分流;当收费站通道关闭时,VMS 发布相关信息,所有车辆均选择国省干道绕行至下一收费站入口,对于没有设置 VMS 设备(没有绕行条件)的入口收费站,收费通道关闭时,车辆在收费站广场排队等待,直到收费站重新开放,各收费站的开、关控制序列根据模型预测控制方法得到。

各控制方式相关参数：VMS 诱导控制及 Bottleneck 匝道协调控制的控制周期依旧为 300s(5min)，收费站通道控制周期为 900s(15min)，预测周期为 1800s(30min)，实际执行 900s(即收费站通道控制周期)，遗传算法的初始种群染色体数目为 10 个，每个染色体包含基因片段 6 个，分别对应 6 个收费站的开、关状况(1 表示开放、0 表示关闭)，每次优化计算的最大迭代次数为 10 次，杂交概率 0.2，变异概率 0.1。

图 7.15a)所示为协调控制条件下的收费站通道控制序列(以 *AD-T*1 等有绕行条件的收费站为例)，收费站 *AD-T*1 在第 5100s、5400s、6600s 及 6900s 对收费通道采取半关闭控制，收费站 *AD-T*3 在 3900～5400s、6600～7800s 期间对收费通道采取关闭或半关闭控制，收费站 *AD-T*5 则在整个仿真时段内保持开放；图 7.15b)所示为对应的匝道控制序列，以 *AD-T*3 收费站为例，随着 0～5100s 匝道通过率的持续降低，匝道排队逐渐增加，系统在 3900s 即采取收费站通道半关闭措施，诱导车辆绕行至 *AD-T*4 收费站，及时抑制了排队的增长。6600s 之后，各匝道通过率增加，导致主线车流量增大，瓶颈路段出现交通拥堵，系统及时对 *AD-T*1 及 *AD-T*3 收费站采取通道限流措施，保证了下游瓶颈路段的通行效率。

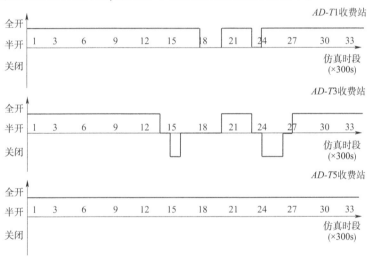

a) 收费站通道控制序列

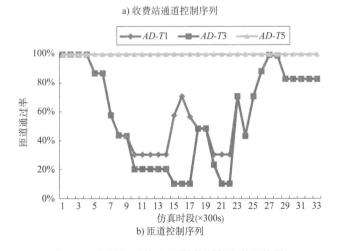

b) 匝道控制序列

图 7.15　收费站(通道、上匝道)控制序列(协调控制)

图 7.16 所示为协调控制情况下的瓶颈路段平均车速时空变化,相较于仅采取 Bottleneck 匝道控制,协调控制不但能调节瓶颈路段上游各匝道通过率,而且能够提前预判各收费站匝道排队情况,合理诱导部分车辆绕行至其他收费站,有效缓解了瓶颈路段交通拥堵。

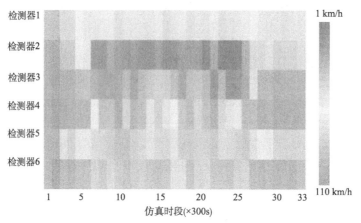

图 7.16 瓶颈路段平均车速时空变化情况(协调控制)

协调控制同时考虑了路网运行效率(TTS、TTD、TDT 等指标)及各上匝道排队长度约束,故相较于 Bottleneck 匝道协调控制,各匝道的排队长度能够限制在合理范围内。以 $AD\text{-}T3$ 收费站上匝道为例(图 7.17),协调控制下的匝道排队长度基本处于上限值 400m 以下,排队增长趋势得到有效抑制,排队长度下降时刻与收费站通道关闭时刻相吻合。

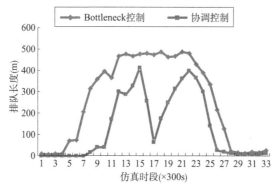

图 7.17 AD-T3 上匝道排队长度变化

从路网运行指标的角度对协调控制效果进行分析,协同控制情况下的路网车辆总运行时间(TTS)为 8570h,总运行里程(TTD)为 609802km,总延误(TDT)为 830h。图 7.18 对比了无控制、区域控制及协调控制条件下的路网运行指标变化,由图可知,相较于无控制的情况,协调控制能够有效降低路网车辆总运行时间及延误,提升车辆总运行里程;相较于局部反馈控制的情况,协调控制在 TTS 指标方面不及局部反馈控制,究其原因是收费站通道控制导致车辆绕行,增加了车辆在路网中运行的时间,然而,协调控制同时也减少了车辆在匝道处的排队等待时间(降低了延误)。因此,从路网整体运行角度而言,协调控制能够较好地平衡各项指标之间的关系,缓解瓶颈路段的交通拥堵,降低延误并提升路网运行效率。

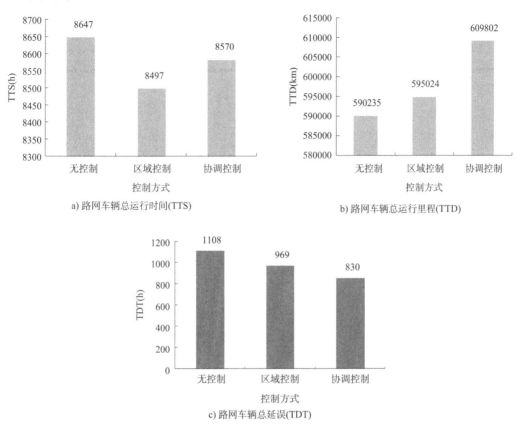

图7.18 路网运行指标对比(无控制、区域控制、协调控制)

7.4 协同控制效率分析

本节中的仿真案例采用配置 Intel i5-2410M 型号中央处理器(CPU)的计算机进行运算处理,仿真周期为 10000s,单次仿真实际耗时 5min,即 1s 运行 33 仿真秒。现假设仿真时长为 P_s、预测周期(滑动窗时长)为 T_s、执行周期(滑动步距)为 C_s,1s 运行 S 仿真秒,则完成一次仿真共需要执行 P/C 次预测,总计时长为 $P \cdot T/C$ 仿真秒,假设遗传算法中初始种群数目为 N,最大繁殖次数为 M,则一次完整的优化过程总共需要执行 $M \cdot N$ 次仿真,总共需要 $P \cdot T \cdot M \cdot N/C$ 仿真秒,即实际耗时 $P \cdot T \cdot M \cdot N/S \cdot C_s$。以本节中案例为例($P = 10000$、$T = 600$、$C = 300$、$S = 33$、$N = 10$、$M = 10$),一次完整的优化过程理论需要 60600s(16.8h)的运算时间,然而,仿真实验中的交通需求等条件已知,故无须进行交通状态预测,因此,仿真实验实际耗时为 $P \cdot M \cdot N/S_s$。

为了提高协调控制方法的运算效率,可采取多台计算器并行运算的方法,如图 7.19 所示。利用多台子计算机对不同控制方案进行并行仿真测试,得到相应的适应度并汇总至主计算机,主计算机根据各控制方案的适应度值选择较优方案,在进行交叉、复制、变异等遗传算法繁殖操作后,生成新种群(新的控制方案集),重新将控制方案分配至各子计算机,计算得到各方案的适应度,并循环执行该过程。

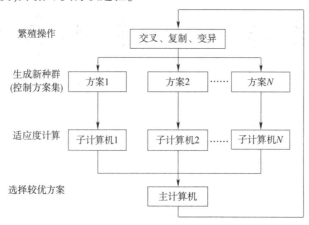

图7.19 并行计算方法示意图

第8章 高速公路路网控制仿真实验

8.1 仿真实验简介

实施高速公路网管理控制方案之前需要设置不同的场景对方案进行测试,实际应用过程中,由于路网区域范围较大,采取数值仿真的方法对路网进行建模往往不能准确地描述复杂的交通流特性,此外,随着近年来数据采集、存储、处理技术的进步,采用实际数据标定仿真路网,并在仿真路网上进行控制策略分析的方法成了研究热点。本章即根据"数据+仿真"的思路,在VISSIM 4.3版本微观交通仿真软件的基础上,利用其COM接口开发技术构建高速公路网协同管理控制仿真实验平台(简称"实验平台"),如图8.1所示。

图8.2所示为仿真实验平台与本书主要研究内容之间的逻辑关系,下面从数据、算法和平台三个方面予以说明:

(1)数据方面,根据实地调研情况,选取视频检测数据作为研究的数据源,同时结合车牌匹配算法得到了各路径行程时间、枢纽节点分流比、交通流参数及实际交通需求等信息,以此为基础构建了VMS诱导控制、匝道控制、收费站通道控制及多方式协调控制方法。

(2)算法方面,在充分研究国内外相关文献基础上,针对较为经典的VMS诱导控制算法及匝道控制算法进行了适用性方面的改进,同时在模型预测控制的基础上,提出入口收费站通道控制的方法,从数学模型角度对该方法进行了解析,实际应用中,可根据各控制算法的特点和适用场景进行灵活选择。

(3)平台方面,基于C#语言及VISSIM软件COM接口开发技术编制的仿真实验平台,可对各控制策略(算法)进行测试,并通过路网评价指标遴选出最优控制策略,实施于实际高速公路网。针对某些特殊情况(如节假日交通需求激增、突发交通事件),可根据历史检测数据设置路网场景,制定相应控制预案。

实验平台通过相应接口实现与VISSIM软件及Oracle数据库的连接,通过ArcGIS Mapinfo控件将地理信息系统(GIS)路网嵌入平台。同时,实验平台将各类控制算法(如VMS诱导控制、匝道控制等)封装成算法库,用于不同路网事件场景下的算法测试。

图8.3所示为实验平台与各软件平台之间的逻辑关系:实验平台通过检测函数获取

VISSIM 路网的各类检测参数,通过控制算法得到相应的控制策略并在仿真路网中予以实施;实验平台可通过数据库连接函数读取 Oracle 数据库中的车流量数据,将其自动加载至仿真路网中。此外,仿真实验的结果也可以存储于数据库中,实现数据的双向传递;ArcGIS Mapinfo 控件可实现路网信息及控制设备信息的展示,辅助用户进行仿真实验。

a) 登录界面

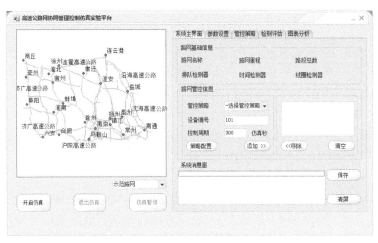

b) 实验平台主界面

图 8.1　高速公路协同管理控制仿真实验平台界面

实验平台可集成路况判别、事故检测、管理控制等一系列功能,并通过 VISSIM 自带的评价功能(可输出总车辆行驶时间、行驶距离、排放等参数)对路网运行状态进行评价,具体功能可概括为如下三方面。

1) 仿真路网控制

实验平台可控制 VISSIM 仿真进程,设置相关仿真参数(仿真周期、速度、随机种子数等),实现车路网事件(车辆抛锚、车速降低、封道、分流)及控制算法(VMS 诱导控制、收费站流入量控制、匝道控制)加载等功能。

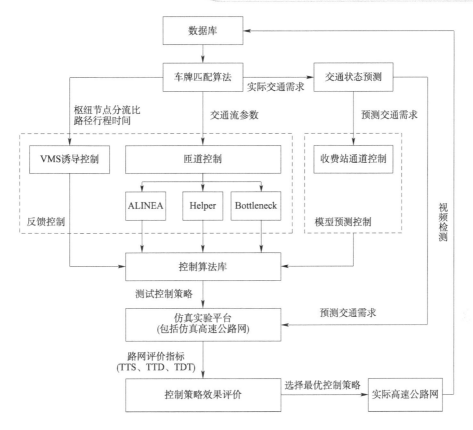

图 8.2 实验平台与主要研究内容间逻辑关系

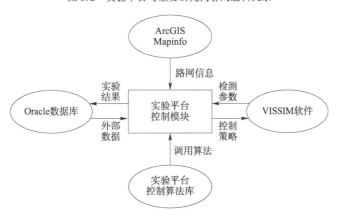

图 8.3 仿真实验平台连接关系

2) 数据检测与存储

实验平台可按照设定的检测周期,读取仿真进程中的路网检测参数,包括路段流量、占有率、速度、排队长度、路网总运行时间、路网总行驶里程等。存储检测参数并按照指定格式输出至 Excel 文件中。

3) 界面交互

实验平台中集成了 GIS 模块,可显示实验路网的拓扑结构、设备点位及编号等信息。同时,平台中设计了系统消息窗、数据显示表格等控件,可实时显示仿真进程中的路网状态、管理控制方案及检测参数等信息。

图8.4所示为实验平台各功能界面。

a) 参数设置　　　　　　　　　　　　b) 管控策略设置

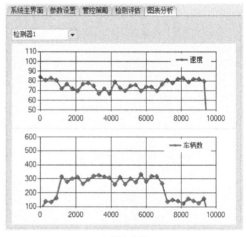

c) 检测评估　　　　　　　　　　　　d) 图表分析

图8.4　实验平台功能界面

8.2　实验平台运行流程及组织架构

8.2.1　实验平台运行流程

实验平台运行流程如图8.5所示,不同于VISSIM软件中的连续仿真方式,实验平台采取了循环执行单步仿真的方式模拟VISSIM连续仿真的过程(仿真精度设置为1,执行单步仿真步数即与仿真时间相匹配),采用此方式的优点在于可在仿真进程过程中,按照任意设定的周期读取检测参数并执行控制策略。

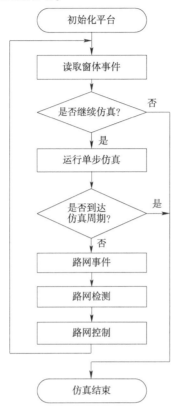

图 8.5　实验平台运行流程

实验平台运行流程核心代码如下：

for(int timeStep；timeStep < = sim. Period；timeStep + +)
｛
　　System. Windows. Forms. Application. DoEvents( )；
　　sim. RunSingleStep( )；
　　EventProcess( )；
　　if (timeStep % detectPeriod = = 0 && timeStep ！ = 0)
　　｛
　　　　DetectProcess( )；
　　｝
　　if (timeStep % controlPeriod = = 0 && timeStep ！ = 0)
　　｛
　　　　ControlProcess( )；
　　｝｝

其中，变量 detectPeriod 和 controlPeriod 分别代表检测周期及控制周期，System. Windows. Forms. Application. DoEvents( )为控件事件响应函数，通过该函数可在仿真运行过程中对实验平台的其他操作进行响应;sim.RunSingleStep()为单步仿真函数;EventProcess()为事件处理函数,用于读取事件列表中的内容并执行对应的事件操作;DetectProcess()为检测路网函数;ControlProcess()控制策略实施函数,用于读取控制策略列表中的内容并执行对应的控制策略(事件列表和控制策略列表在仿真开始前通过实验平台预先设置生成)。

8.2.2 实验平台组织架构

实验平台通过COM接口实现与VISSIM软件的连接,其组织架构如图8.6所示,包括设置模块、控制模块、检测模块、显示及存储模块等。实验平台以控制模块为中心,将Oracle数据库中的车流量数据加载至仿真路网中,通过设置模块实现对路网事件及控制策略的加载,并控制仿真进程;通过检测模块实现按照设定的检测周期获取路网中的各类参数,并将其存储于二维数组中。仿真过程中,可通过显示模块对路网状态、检测器数据进行实时查看;仿真结束后,可通过存储模块将检测数据直接输出至Excel文档。

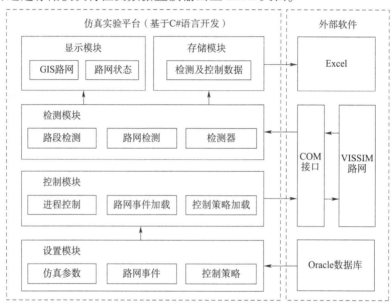

图8.6 实验平台组织架构

8.3 VISSIM软件COM接口开发技术

8.3.1 COM接口概述

VISSIM软件常用的模块包括基本模块、VAP模块(用于实现自定义的信号控制逻辑)以及COM接口模块,本书通过COM接口模块,对VISSIM中各对象的属性进行调用和设置,并在此基础上实现自定义的场景和功能。VISSIM对象模型有着严格的等级关系,如果要进入不同的低等级对象,如:一个Net对象中的一个Link对象,就必须按照规定的等级顺序进行操作(VISSIM→Net→Links→Link)。各对象之间的层级关系如图8.7所示。

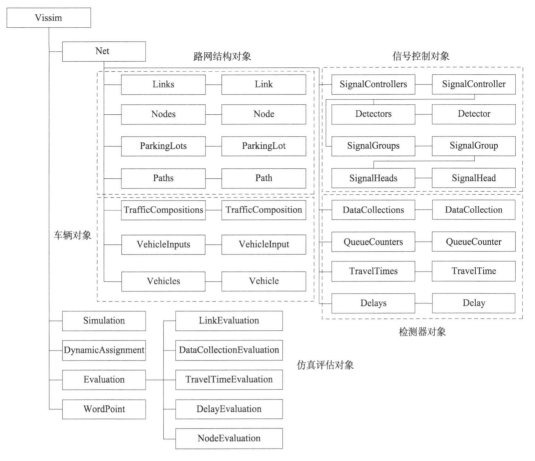

图 8.7 COM 接口开发各级对象

Vissim 是模型中最高等级的对象(定义为"根对象"),其他所有对象都隶属于它(定义为"子对象"),并且只能通过 IVISSIM 接口进行调用。在创建完 Vissim 对象后,COM 应用程序自动进入第一个 Vissim 实例运行。本书将 Vissim 的子对象划分为路网结构对象、车辆对象、信号控制对象、检测器对象以及仿真评估对象。

8.3.2 仿真对象操作

对仿真对象进行操作,首先需要定义并实例化对象,以设置路网中某一路段(LINK)的名称为例,其对应的 C#语句为:

Vissimvis = new Vissim();
string new_Name_of_Link = "New Link Name";
uint Link_Number = 1;
vis.Net.Links.get_ItemByKey(Link_number).set_AttValue("Name", new_Name_of_Link)。

其中:Vissim 为定义的根对象,Net(路网)为第二层对象,Links(路段集合)为第三层对象,程序通过 get_ItemByKey()函数获取编号为 1 的路段对象,并通过 set_AttValue()函数设

置相应的属性(具体属性细节可在 HTML 帮助文档中查找)。同理,如果要获取路段 1 的某一属性,可通过以下语句实现:

Int Length = vis. Net. Links. get_ItemByKey(1). get_AttValue("Length");

该语句获取的是路段长度属性。表 8.1 中总结了 COM 接口开发中较为常用的指令。

COM 接口开发常用指令　　　　　　表 8.1

常用操作	C#指令
调用 COM 接口库	Using VISSIMMLIB
创建 VISSIM 对象	VissimClass Vissim = new VissimClass();
加载路网	Vissim. LoadNet(Filename,false);
保存路网	Vissim. SaveNetAs(Filename);
设置仿真周期	Obj. set_AttValue("Period",value)
设置仿真精度	Vissim. Simulation. set_AttValue("Resolution",value)
设置仿真随机种子数	Vissim. Simulation. set_AttValue("RandomSeed",value)
单步仿真	Vissim. Simulation. RunSingStep();
连续仿真	Vissim. Simulation. RunContinuous();
获取制定编号的对象	ILink objLink = (ILink)Vissim. Net. Links. ItemByKey(num)
激活对象属性	Obj. set_AttValue("name",true)
读取对象属性	Obj. get_AttValue("name",value)
设置对象属性	Obj. set_AttValue("name",value)
关闭 VISSIM	Vissim. Exit()

注:Obj 代表 Vissim 中的某类对象实体,如某一路段或某一检测器,name 代表对象属性。

8.3.3 路网事件模拟

本书中所研究的案例需分析不同路段上发生交通事故对路网造成的影响,包括事故场景、车速降低和车道封闭等。

(1)事故场景。

通过实验平台设置事故场景的思路为:通过调用车辆生成函数在指定时间、指定路段(定位到具体车道的某一位置)生成新的车辆,并将速度设置为 0。程序中具体函数为 VehicleAccident(),核心代码如下:

IVehicleaccidentVehicle1 = Vissim. Net. Vehicles. AddVehicleAtLinkPosition(vehicle_type1, link, lane, coordinate1, desired_speed, interaction);

accidentVehicle1. set_AttValue("Speed", 0);

在同一车道连续设置三辆位置有重叠的"事故车辆",即可模拟车辆追尾事故的场景,如图 8.8 所示。

(2)车道封闭场景。

另一种典型场景是车道封闭,通过设置仿真路网中车道的"BolleckVehicleClasses"属性予以实现。程序中具体函数为 LaneClose(),核心代码如下:

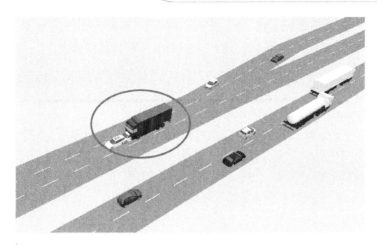

图 8.8 仿真路网事故场景

closeLink. Lanes. get_ItemByKey(lane). set_AttValue("BlockedVehClasses","10,20,30,40,50,60,70");

其中,"10,20,30,40,50,60,70"代表 7 种不同的车辆类型编号。车道封闭期间,后续车辆将采取绕行措施。

(3)车速降低场景。

车速降低的设计主要用于模拟因恶劣天气影响及节假日交通需求激增导致的路段行程车速下降场景,其设计思路为:遍历进入指定路段的所有车辆,将其速度限制在阈值范围内,若限速车辆驶离相关路段则恢复其行车速度,核心代码如下:

```
links = vissim. Net. Links;
Link link = links. GetLinkByNumber( linkNo);
vehicles = link. GetVehicles();
foreach (Vehicle vehicle in vehicles)
{
    if (Convert. ToInt32( vehicle. get_AttValue( "Speed")) > limitSpeed)
    {
        vehicle. set_AttValue( "DESIREDSPEED", limitSpeed);
        vehicle. set_AttValue( "SPEED", limitSpeed);
    }
}
```

其中,links 为获取的路网路段集合,vehicles 为获取的某一路段车辆集合(linkNo 为对应路段编号),limitSpeed 为限速值。

8.3.4 车流量数据自动加载

实验平台的另一个技术难点是实现 Oracle 数据库与 VISSIM 软件的连接以及车流量数据的自动加载,实验平台采取的车流量输入方法为:在统计数据基础上对路网中各立交、匝道等分流点处的分流比例进行标定,同时将边界点处的路段流量作为输入流量,按照对应时段从数据库中读取流量数据进行输入。此外,车辆组成、车速分布等信息也可根据数据库中的实际数据统计得到,通过实验平台实现相关仿真参数的自动设置。

实现数据库流量输入的过程如下:

(1)首先将仿真路网中需要输入流量的输入点编号(Vehicle Input),将数据库中的对应路段流量进行对应,并将其分别存储在两个一维数组中。

(2)随后通过 Sql 语句连接数据库并对流量输入点数组进行遍历,将对应的路段流量数据存储至二维数组中(两个维度分别为输入点编号和时间)。

(3)最后在仿真运行过程中,每隔固定周期对数组进行一次遍历,同时对仿真路网中的各流量输入点的流量值进行更新,实现同步输入的效果。

核心代码如下:

```
for (int i = 0; i < vehInputNum; i++)
{
    for (int j = 0; j < timeLength; j++)
    {
        myCommand.CommandText = "select FLOW from FLOW_DATA WHERE LINK_NO LIKE " + vehInputLink[i] + " AND FLOW_TIME LIKE " + vehInputTime[j];
        vehInputData[i, j] = Convert.ToDouble(myCommand.ExecuteScalar());
    }
}
```

其中,timeLenth 为时段长度,vheInputLink[ ]为仿真路网流量输入点数组,/vheInputData[,]为流量输入数组,myCommand.CommandText 为连接数据库并读取数据的 SQL 语句,数据库路段流量输入 VISSIM 路网的流程如图 8.9 所示。

8.3.5 路网检测参数获取

Vissim 提供了多种检测器,除检测路段流量、密度、速度参数外还可以检测排队长度、行程时间、延误等。为实时获取检测数据,首先需要在路网中布设相应检测器,并激活软件检测功能。此处以路段密度检测为例进行说明,核心代码如下:

```
Evaluation eval;
eval = vissim.Evaluation;
eval.set_AttValue("LINK", true);
if (step % detectPeriod == 0 & step != 0)
{
    Link link = vis.Links.GetLinkByNumber(1);
}
```

其中,eval 为实例化的评价对象,通过 eval.set_AttValue("LINK", true)语句激活评价对象,通过 GetSegmentResult 函数获取相应属性值。

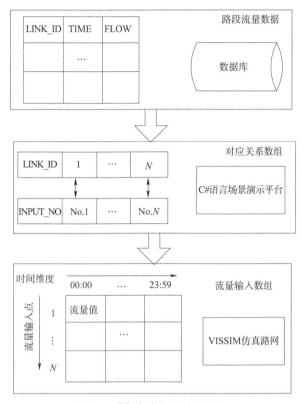

图 8.9　数据库路段流量输入流程

8.4　仿真实验场景

图 8.10 所示为仿真实验场景,通过模拟不同的路网事件对各控制算法的效果进行分析。

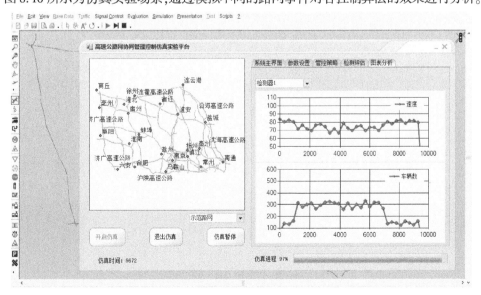

图 8.10　仿真实验场景

图 8.11 分别展示了使用实验平台进行 VMS 诱导控制、匝道控制及收费站通道控制的 3D 仿真场景。

a) VMS 诱导控制场景

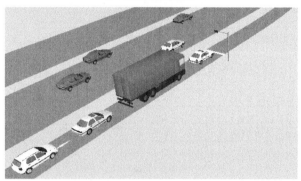

b) 匝道控制场景

c) 收费站通道控制场景

图 8.11　3D 仿真场景

第9章 高速公路网 VMS 布局优化技术

VMS 的作用取决于 VMS 在路网中的合理布设,然而先期调研发现:当前我国高速公路 VMS 布设主要依靠工程经验完成。本章阐述高速公路网 VMS 布局优化技术,实现在有限的资金约束下确定 VMS 的最优分布点,使有限的 VMS 发挥最大的效用。

9.1 VMS 优化布局技术路线

本章以大规模、跨区域的高速公路网为研究对象,在先期 VMS 用户遵从率及影响因素调研分析的基础上,通过路网分级、OD 提取、关键路段判定等路网信息预处理操作,构建国、省两级的 VMS 布局优化模型,并介绍相应的模型求解算法。

VMS 优化布局技术路线图如图 9.1 所示。

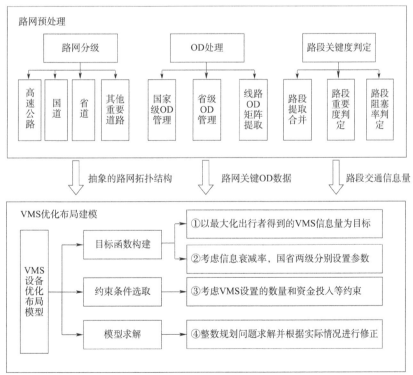

图 9.1 VMS 优化布局技术路线图

图 9.1 所述技术路线可描述为如下步骤:

(1) 根据不同的路网分级和 OD 特征,将 VMS 优化布局模型分为国、省两级,更适合于系统实际应用;

(2) 通过路段重要度和可靠度(阻塞率、事故数等)指标综合判定路段关键度,并将路段关键度参数作为 VMS 优化布局模型中的交通信息指示量指标;

(3) 考虑了 VMS 的信息效用衰减特征(信息效用随车辆获取信息时所处路段位置与信息的承载路段的位置之间距离的增加而减弱的特征);

(4) 对模型求解得到的 VMS 布设路段编号,结合路线实际情况进行修正,确保布设方案实际可行。

9.2 路网分层级预处理

可变信息标志的布设应从国、省两级路网层级加以考虑:国家层级路网主要以地级市作为网络节点,连接全国各主要高速公路干线;省层级路网主要以收费站作为网络节点,连接省(自治区、直辖市)内的各条高速公路。

国家层级路网中布设的 VMS 需接入国家路网中心,主要用于发布对路网产生大范围影响的突发性及计划性事件信息(严重自然灾害、跨区域交通管制措施等);省层级路网中布设的 VMS 接入各省(自治区、直辖市)指挥中心,主要用于发布高速公路路段范围内的相关信息(事故、路况、绕行等)。

高速公路网分为国、省两层级之后,需对两层级的 OD 数据进行处理:国家层级的 OD 矩阵通过将每个地级市作为出入口单元段,并根据单元段重新合并获得;省级的 OD 矩阵通过高速公路收费系统数据获取。如图 9.2 所示,i 和 j 代表两个地级市,i 市和 j 市之间一共 24 个 OD 对,将出入口合并之后,两市之间的 OD 可用 OD_{ij} 和 OD_{ji} 表示($OD_{ij} = \sum_{m \in i} \sum_{n \in j} OD_{ij}$)。假设研究路网范围内共 300 个地级市,则最终将得到 300×300 维度的 OD 矩阵。

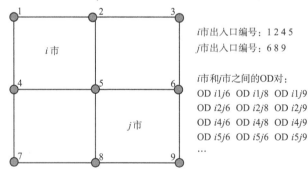

图 9.2 两地级市之间 OD 对示意图

OD 数据处理流程如图 9.3 所示。

本章选取 VMS 布设点的主要原则即在有限资源约束下使 VMS 信息效用最大化,此处效用最大化包含两层含义:一方面要力求出行者得到的 VMS 信息最大;另一方面要对路网中的关键路段实施重点布设。本研究中引入符号 ψ_k 表示路段 k 的关键程度,R_k 表示路段 k

的可靠度，C_k 表示路段 k 的重要度。其中，可靠度表征路段易阻断的程度，主要通过阻塞率指标加以衡量，重要度表征路段在路网中的重要程度，路段阻断后对路网总运行效率的影响越大则重要程度越高。本研究将可靠度低而重要度高的路段定义为关键路段，其关键度量化指标在数值上等于可靠度和重要度的乘积：

$$\psi_k = R_k \cdot C_k \tag{9.1}$$

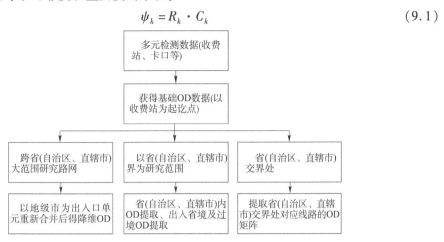

图 9.3　OD 数据处理流程

三个变量对应的逻辑关系如表 9.1 所示。重要度及可靠度均较高的路段因发生阻断的可能性较低，故关键度等级中等；重要度高而可靠度较低的路段因易发生阻断，且对路网影响较大，故关键度等级较高；对于重要度低的路段（对路网影响不大），其关键度相应较低。

关键度判定逻辑关系表　　　　　　　　　　　　　　　　　　表 9.1

C_k	R_k	
	高	低
高	关键度等级：中	关键度等级：高
低	关键度等级：低	关键度等级：低

以上主要为关键度、重要度、可靠度三者的逻辑关系分析。为进一步量化关键度指标并将其作为 VMS 布局优化模型的参数，本研究提出如下重要度及可靠度量化方法。

(1) 路段重要度。

假定在一定的路网范围内，某路段发生事故而被阻断，该路段的交通量重新分配至其他路段，造成行程时间的增加；行程时间的增量越大，说明该路段在该区域内所承担的通过性作用越重大。因此，将路段失效前后总行程时间的变化值作为判定其重要度的指标。

假定所有路段完好，在整个路网范围内进行交通分配，计算完整路网的总行程时间，即各起讫点对应流量和行程时间的乘积，或者各路段流量及其行程时间的乘积，并累加求和；假定各路段逐一失效，重新进行交通分配，再计算不完整路网的总行程时间。上述两者的差值，即各路段失效后该路网的总行程时间与路网完好条件下总行程时间之差，即为反映各路段在该区域内交通功能的重要程度的指标 M_k，其计算公式如下：

$$M_k = \sum_{i,j} Q_{ij}(C_{ij}^k - C_{ij}^0) \quad k \in K \quad i \in O \quad j \in D \tag{9.2}$$

式中:K——一定路网范围内的路段集合;

O、D——表示路网范围内的交通起讫点集合;

k——失效路段;

Q_{ij}——从起点 i 至讫点 j 的交通量;

C_{ij}^0、C_{ij}^k——路段 k 失效前后起点 i 至讫点 j 所需的行程时间。

(2) 路段可靠度。

本书选取路段"阻塞率"(P_k)作为评价路段可靠度的间接指标:以某一路段为例,设定合理的时间间隔,以 3h 为例,全天划分为 8 个时间片,全年共有 365×8 个时间片,判别各时间间隔内的交通状态,进而统计全年 2920 个时间片拥堵状态的数量,即可综合反映该路段发生拥堵的概率以及拥堵状态的持续时间;通过对比一定路网范围内各路段全年拥堵状态数量,即可反映各路段的交通状况,其计算公式如下:

$$P_k = \sum_{ij} X_{ij} \quad k \in K \tag{9.3}$$

式中:k——路网范围内某路段;

X_{ij}——反映该路段在全年第 i 天第 j 个时间片是否发生拥堵的哑变量。

(3) 路段关键度。

在一定路网范围内,需布设 VMV 的关键路段应为承担该区域内大量通过性交通,且容易发生拥堵的路段。定义路段关键度指标 H_k 如式(9.4)所示,假设该路段失效计算该路网总行程时间的增量,用于反映该路段的区域交通功能的重要程度;根据该路段的交通历史数据,统计全年拥堵状态数量,用于综合反映该路段发生拥堵概率及其持续时间。为简化数据计算过程,对于路段重要度指标的取其对数值,限定其取值范围,对于路段阻塞率指标进行线性分级,同样限定在一定范围。

$$H_k = n_k \cdot \lg M_k \tag{9.4}$$

式中:n_k——路段阻塞度进行线性分级后的取值。

路段可靠度的另一种评价方法是通过引入拥堵风险评估模型,对研究范围的路网进行可靠度综合评定。拥堵风险评估模型根据历史检测数据,通过生成分析法综合评定某一路段发生拥堵及拥堵持续某一段时间的概率,并通过回归模型的形式量化表现该风险随着流量变化的趋势,其核心公式如下:

$$F_{\text{cap}}(q) = 1 - \prod_{q_i \leq q} \frac{k_i - d_i}{k_i} \tag{9.5}$$

式中:$F_{\text{cap}}(q)$——拥堵风险概率的分布函数;

q_i——i 时刻的路段流量;

k_i——i 时刻总的样本数;

d_i——i 时刻发生拥堵的样本数。

根据以上方程,路段可靠度即可理解为在某一路段流量强度下,发生拥堵且持续某一时间的事件概率。

9.3 VMS 设备布局优化建模

为了便于构建随后的 VMS 设备布局优化模型,首先对部分参变量的定义作如下说明,如表 9.2 所示。

VMS 设备布局优化模型变量说明　　　　表 9.2

变量	说明
r	一条路径
R	路径的集合,R_{pq} 表示连接起点 p 点与终点 q 点的路径集合
h_{pqr}	路径 $r \in R_{pq}$ 上的流量
f_a	路段 a 上的交通量
t_a	路段 a 上的行驶阻抗
C	路网中所有 OD 对的集合,$(p,q) \in C$ 代表一对典型 OD
A_r	路径 r 上的路段集合
X_a	0-1 变量,如果路段在 a 上安装 VMS,则 $X_a = 1$,否则,$X_a = 0$
Ψ_k	路段 k 的关键度指标
$\phi_{a,k}^r$	路径 r 中,路段 k 的信息在路段 a 上的 VMS 显示时,信息作用的衰减因子:可取 $\phi_{a,k}^r = b^n, b \in (0,1)$,$n$ 为路段 a 和路段 k 相隔的路段数,当路段 k 是路段 a 的下游紧邻路段时,则 $n=1$,依此类推;也可取 $\phi_{a,k}^r = ae^{1-n}$,a 为常数,$1 \leq n \leq |I_a^r|$,$n \in Z$ 整数集。需要说明的是,b 值的选取与 VMS 信息的准确性、可靠性和驾驶员对交通信息系统的信任程度相关,VMS 信息精度越高,驾驶员对交通信息系统越信任,b 值越大(越接近于 1)
I_a^r	路径 r 中,路段 a 上 VMS 的有效影响路段去掉下一个 VMS 的有效影响路段后剩余路段的集合,称为路径 r 中路段 a 上 VMS 的独立影响路段集合;路径 r 上路段 a 的有效影响路段是指路径 r 上路段 a 的后续路段组成的集合
Γ	单个 VMS 在同一条路径上允许的最大有效影响路段集合的势,可设为常量
M	限于资金约束,能够投入使用的最大的 VMS 数量

下面对独立影响路段集合的概念作一个说明。图 9.4 是由 7 条路段组成的连接起点 O 与终点 D 的一条路径 r,其中路段标号标示在路段上方,路段 2 与路段 5 上设置有 VMS。由图 1 可知路段 2 上的 VMS 的有效影响路段集合为 $\{3,4,5,6,7\}$,路段 5 上的 VMS 的有效影响路段集合为 $\{6,7\}$,所以路段 2 上的 VMS 的独立影响路段集合 I_2^r 为 $\{3,4,5\}$。

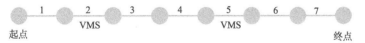

图 9.4　独立影响路段集合示意图

9.3.1　基础模型

本研究中的基础模型以 VMS 信息效用最大化为设计目标,构造如式(9.6)所示的 VMS 优化布局模型。

$$\max F = \sum_{(p,q)\in C} \sum_{r\in R_{pq}} \{h_{pqr} \sum_{a\in A_r} [X_a(\sum_{k\in I_a^r} \Psi_k \phi_{a,k}^r)]\} \tag{9.6}$$

$$\sum_{a\in A} X_a = M \tag{9.7}$$

$$X_a \in \{0,1\} \quad \forall a \in A \tag{9.8}$$

$$|I_a^r| \leq \Gamma \quad \forall a,r \tag{9.9}$$

模型目标函数要求最大化出行者得到的由 VMS 提供的总信息量。此处,VMS 信息效用最大化的含义是使得路网中所有出行者从所选择的路径配置的 VMS 获取的交通信息指示量(在考虑信息的衰减后)最大。式(9.7)是对路网中最多可以设置的 VMS 数量的限制,式(9.8)规定了变量 X_a 仅能取值 1 或 0,式(9.9)是对独立影响路段集合可能具有的最多元素个数的限制。该基础模型的目的是在已知所有有效路径及其流量的基础上确定设置 VMS 的数量以及设置 VMS 的具体路段的位置标号。

由于模型的基本变量是有效路径流量,所以求解时需要解决以下关键问题:①构造符合实际路网特征的路径集合,为每一对 OD 确定 k 条可行路径;②求解路径 $r \in R_{pq}$ 上的流量 h_{pqr};③对于不同的 VMS 设置方案,计算得到目标函数,确定最优的 VMS 布局方案。当路段 a 属于路径 $r \in R_{pq}$ 的集合时,变量 $\delta_{pqra}=1$,其他情况下变量 $\delta_{pqra}=0$,则式(9.6)表示的目标函数可以转化为:

$$\begin{aligned}\max F &= \sum_{(p,q)\in C} \sum_{r\in R_{pq}} \{h_{pqr} \sum_{a\in A} [\delta_{pqra} X_a(\sum_{k\in I_a^r} \Psi_k \phi_{a,k}^r)]\} \\ &= \sum_{(p,q)\in C} \sum_{r\in R_{pq}} \sum_{a\in A} [h_{pqr} \delta_{pqra} X_a(\sum_{k\in I_a^r} \Psi_k \phi_{a,k}^r)] \end{aligned} \tag{9.10}$$

本书中衰减率函数 $\phi_{a,k}^r = b^n, b \in (0,1)$,则式(9.10)可转化为:

$$\sum_{(p,q)\in C} \sum_{r\in R_{pq}} \sum_{a\in A} [h_{pqr} \delta_{pqra} X_a(\sum_{k\in I_a^r} \Psi_k b^n)] \tag{9.11}$$

9.3.2 国家级路网 VMS 布局优化

国家层级路网中以地级市作为出入单元,路网规模较大,且单元之间的路段距离较远,故可假设 VMS 的作用范围限于其所在路段,即 $|I_a^r|=1, \forall a,r$,此时,对应的 $\sum_{k\in I_a^r} \Psi_k b^n$ 可以简化为 Ψ_a。

根据路径流量方程,有式(9.12)成立,则式(9.11)可进一步简化为如式(9.13)所示的目标函数。

$$\sum_{(p,q)\in C} \sum_{r\in R_{pq}} h_{pqr} \delta_{pqra} = f_a (\forall a \in A) \tag{9.12}$$

$$\max F = \sum_{a\in A} (f_a X_a \Psi_a) \tag{9.13}$$

式(9.12)的含义即假设路段 a 上配备有 VMS,对于路段 a 上的每一单位流量,其得到的交通信息量均为一常量。实际上,此时的优化问题已经转化成求解一个整数规划问题,目标函数为出行者获取 VMS 信息量最大,约束为 VMS 布设总数量 M:

$$\max F = \sum_{a\in A} (f_a X_a \Psi_a) \tag{9.14}$$

$$\sum_{a \in A} X_a = M$$

$$X_a \in \{0,1\} \quad \forall a \in A$$

模型的求解过程如下:

(1) 确定研究范围内路网拓扑结构,加载对应的 OD 数据;
(2) 通过交通分配获取各路段的流量 f_a;
(3) 加载各路段的关键度指标 Ψ_a;
(4) 求解上述整数规划问题,得到最终的 VMS 布设路段集合;
(5) 根据实际情况对解集合进行验证和调整。

9.3.3 省级路网 VMS 布局优化

省级高速公路网以各收费站作为出入单元,相邻单元之间距离相对较近(10km),VMS 发布信息可能作用于多个路段,故可设 $|I_a^r| = \Gamma, \Gamma > 1$,因此,VMS 信息的衰减效应不能忽略,布局优化模型如下所示。

$$\max F = \sum_{(p,q) \in C} \sum_{r \in R_{pq}} \{h_{pqr} \sum_{a \in A_r} [X_a(\sum_{k \in I_a^r} \Psi_k \phi_{a,k}^r)]\} \quad (9.15)$$

$$\sum_{a \in A} X_a = M$$

$$X_a \in \{0,1\} \quad \forall a \in A$$

$$|I_a^r| = \Gamma \quad \forall a, r$$

9.4 算例分析

9.4.1 线性高速公路 VMS 布局优化

对于省层级路网而言,部分枢纽节点之间的路段有布设 VMS 的需求,该情况下以高速公路收费站和互通立交作为出入单元节点,且 VMS 影响的路段范围更广,需考虑信息衰减效用的影响。以图 9.5a)所示线性高速公路为例,S38 沿江高速公路(G2 沪宁高速公路和 G15 沈海高速公路之间)共有收费站及互通立交节点 7 个,抽象拓扑结构如图 9.5b)所示。

图 9.5 所示线性高速公路段全长约 60km,为出沪交通干道,全年车流量较大。计划在此布设一块 VMS,发布路段相关信息。设定 OD 对 AB 之间路径交通量 $h_{ABr} = 2500$ pcu/h,各路段的关键度参数 Ψ_k 分别为(路段 1~7):3、4、3、5、4、3、4,同时设定 VMS 的影响路段为 2 个,衰减函数选取 $\phi_{a,k}^r = b^n$,$b = 0.8$,则可得各路段布设 VMS 的目标函数值 F 值如表 9.3 所示。

从表中可以得出最优目标函数值为 12.64,对应的 VMS 布设方案为:在路段 1 和路段 5 上布设 VMS。从实际情况中可以验证这一布设方案的合理性:节点 5 为张家港枢纽,连接张家港疏港高速公路,节点 B 为崎岐枢纽,连接 G2 京沪高速公路,是重要的分流节点,故在以上分流节点上游路段设置 VMS 可以最大化驾驶员获取的信息量。

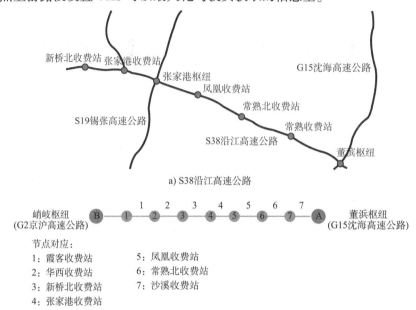

图 9.5 线性高速公路

VMS 路段布设方案表　　　　　　　　　　　　　　　　　　　表 9.3

布设方案(1~7 路段)							F 值	布设方案(1~7 路段)							F 值
0	0	0	0	1	0	1	11.52	0	1	0	0	1	0	0	11.52
0	0	0	1	0	0	1	11.04	0	1	0	1	0	0	0	11.04
0	0	0	1	0	1	0	10.88	1	0	0	0	0	0	1	11.36
0	0	1	0	0	0	1	10.08	1	0	0	0	0	1	0	11.20
0	0	1	0	0	1	0	9.92	1	0	0	0	1	0	0	12.64
0	0	1	0	1	0	0	11.36	1	0	0	1	0	0	0	12.16
0	1	0	0	0	0	1	10.24	1	0	1	0	0	0	0	11.20
0	1	0	0	0	1	0	10.08	最优 F 值:12.16							

注:0-不布设 VMS;1-布设 VMS (1~7 路段从左到右依次对应)。

9.4.2 网状高速公路 VMS 布局优化

图 9.6 所示是典型的网格状交通网络,图中标示了部分路段和节点编号。节点的编号按照从左到右、从上到下的顺序标示,共 100 个节点(国家层级路网节点代表各地级市,省级路网节点代表各收费站)。图中的每一条线段均表示了两条逆向分离的路段,图中共计 180 条有向线段,标号按照从先横向后纵向、从上到下、从左到右的顺序标示。

若图 9.7 中的网格状交通网络代表国家层级的路网,则采用对应的整数规划模型进行 VMS 优化布局研究,本研究通过 MATALB 进行仿真研究,生成 180 维的路段关键度矩阵和 180 维的路段流量矩阵,通过求解 0-1 规划问题得到最优的 VMS 布设路段结果如下(最多布

设 10 块 VMS,解集合中数字代表路段编号):

$$VMS\_Location = [32\ 34\ 81\ 91\ 99\ 101\ 121\ 123\ 163\ 174]$$

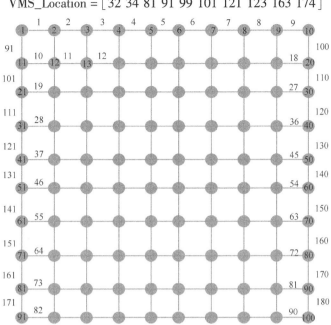

图 9.6 网格状交通网络

相应的 VMS 优化布设方案如图 9.7 所示。此外,从工程应用角度,在初步计算获取 VMS 布设点的基础上,还需根据实际情况对选点位置进行微调,并依据现有的 VMS 布设,依据和规范进行具体施工安装。

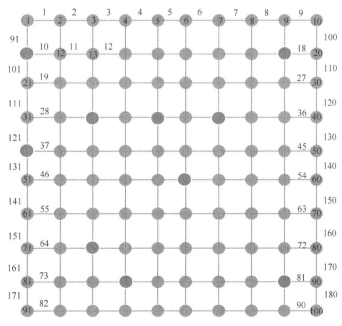

图 9.7 网格状交通网络 VMS 布设方案

第10章 高速公路网跨区域协同控制机制

公路网运营管理涉及多个区域多个部门,特别是在突发交通事件、计划事件、免费通行事件条件下,公路网运营管理单位各层级与相应的"一路三方"各部门之间需要具备良好的监控设施联动、通信联络网络以及信息发布功能,一方面保障各区域、各部门之间基本的通信联络,另一方面为公路网范围内交通事件与诱导信息的发布,以及外场监控设施或保障资源的联动调度提供保障。

10.1 组织层级

10.1.1 跨区域

根据国家相关法律和对多省(自治区、直辖市)调研资料的分析,跨区域协同联动交通管控行政组织体系由以下四个层级构成(图10.1)。

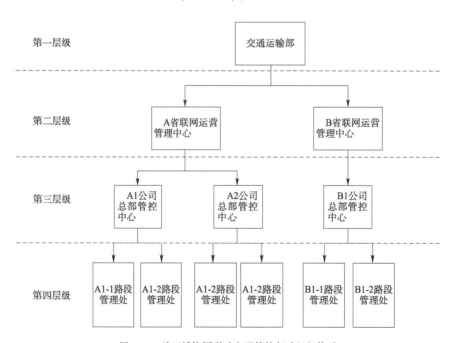

图10.1 跨区域协同联动交通管控行政组织体系

第一层级:交通运输部(交通运输部路网监测与应急处置中心)。

突发交通事件通过动态推演,影响范围超出事发路段所属省(自治区、直辖市),需省(自治区、直辖市)联网运营管理中心将事件上报给第一层级,即交通运输部,由交通运输部对各省(自治区、直辖市)进行任务指标分配。

免费通行事件直接由第一层级,即交通运输部进行各省(自治区、直辖市)任务指标分配。

第二层级:省(自治区、直辖市)联网运营管理中心。

突发交通事件通过动态推演,影响范围超出事发路段所属区域且局限于事发路段所属省(自治区、直辖市),需公司总部管控中心将事件上报给第二层级,即省(自治区、直辖市)联网运营管理中心,由省(自治区、直辖市)联网运营管理中心作进一步决策。

第三层级:公司总部管控中心。

突发交通事件通过动态推演,影响范围超出事发路段且局限于事发路段所属区域,需路段管理处将事件上报给第三层级,即公司总部管控中心,由公司总部管控中心作进一步决策。

第四层级:路段管理处。

突发交通事件通过动态推演,影响范围仅局限于事发路段,事发路段能够自行处理,由第四层级,即路段管理处与路段相关交警部门、路政部门协商确定具体交通管控方案。

10.1.2 跨部门

根据国家相关法律和对多省(自治区、直辖市)调研资料的分析,跨部门协同联动交通管控行政组织体系由以下三个层级构成(图10.2)。

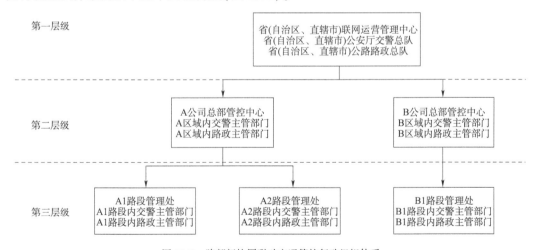

图 10.2 跨部门协同联动交通管控行政组织体系

第一层级:省(自治区、直辖市)联网运营管理中心,省(自治区、直辖市)公安厅交警总队。省(自治区、直辖市)公路路政总队突发交通事件通过动态推演,影响范围超出事发路段所属区域且局限于事发路段所属省(自治区、直辖市),由省(自治区、直辖市)联网运营管理中心与省(自治区、直辖市)公安厅交警总队、省(自治区、直辖市)公路路政总队联合成立省(自治区、直辖市)"一路三方"领导小组,确定各区域任务指标。

省(自治区、直辖市)内计划事件直接由省(自治区、直辖市)联网运营管理中心与省(自治区、直辖市)公安厅交警总队、省(自治区、直辖市)公路路政总队联合成立省(自治区、直辖市)"一路三方"领导小组,确定各区域任务指标。

第二层级:公司总部管控中心,区域内交警主管部门,区域内路政主管部门。

突发交通事件通过动态推演,影响范围超出事发路段且局限于事发路段所属区域,由公司总部管控中心与区域内交警主管部门、区域内路政主管部门联合成立区域"一路三方"领导小组,确定各路段任务指标。

第三层级:路段管理处,路段内交警主管部门,路段内交警主管部门。

突发交通事件通过动态推演,影响范围仅局限于事发路段,事发路段能够自行处理,由路段管理处与路段内交警主管部门、路段内路政主管部门联合成立路段"一路三方"领导小组,具体确定各部门协同联动交通管控方案。

10.2 协同联动架构与运作模式

为方便实现协同联动,采用"领导小组+联络员+工作组"协同联动运作模式(图10.3)。

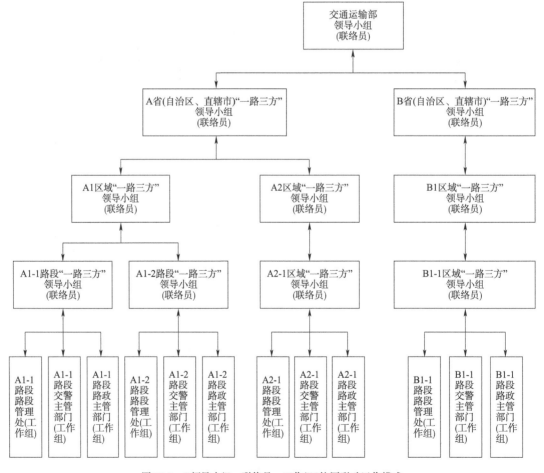

图10.3 "领导小组+联络员+工作组"协同联动运作模式

(1)交通运输部领导小组。

交通运输部领导小组主要针对影响范围波及多省(自治区、直辖市)乃至全国的道路突发事件和免费通行事件,负责分配各省(自治区、直辖市)的任务指标。设置联络员岗位,与下级领导小组进行信息传送和交流。

(2)省(自治区、直辖市)"一路三方"领导小组。

省(自治区、直辖市)"一路三方"领导小组主要针对影响范围波及本省(自治区、直辖市)的道路突发事件和省(自治区、直辖市)范围的计划事件,负责分配各区域的任务指标。设置联络员岗位,与上级和下级领导小组进行信息传送和交流。

(3)区域"一路三方"领导小组。

区域"一路三方"领导小组主要针对影响范围波及本区域的道路突发事件和区域范围的计划事件,负责分配各路段的任务指标。设置联络员岗位,与上级和下级领导小组进行信息传送和交流。

(4)路段"一路三方"领导小组。

路段"一路三方"领导小组主要针对影响范围波及本路段的道路突发事件和路段范围的计划事件,负责分配各路段的任务指标。设置联络员岗位,与上级和下级领导小组进行信息传送和交流。

(5)路段"一路三方"各部门工作组。

路段"一路三方"各部门工作组负责对路段交通管控工作的具体实施。

10.2.1 突发交通事件

突发交通事件发生后,路段管理处监控中心对此事件进行监控并确认,确认后对事件的详细信息进行获取。将获取的详细信息上报给路段管理处,路段管理处通过软件对事件进行动态推演,确定事件的影响范围。

(1)路段范围内。

若影响范围仅局限于事发路段,事发路段的路段管理处联合路段相关交警主管部门和路段相关路政主管部门组成路段"一路三方"领导小组,协商确定具体的协同联动交通管控方案,再将方案下达给路段"一路三方"各部门工作组,工作组根据方案通过开闭匝道出入口和在可变信息标志上发布信息以实现对路段交通的管控,最后由路段"一路三方"领导小组将事件向区域"一路三方"领导小组报备。

(2)区域范围内。

若影响范围超出事发路段,事发路段的路段管理处将事件上报给公司总部管控中心,公司总部管控中心通过软件对事件进行动态推演,确定事件的影响范围。若影响范围仅局限于事发路段所属区域,公司总部管控中心联合区域相关交警主管部门和区域相关路政主管部门组成区域"一路三方"领导小组,协商确定各路段的任务指标,将任务指标下达给路段"一路三方"领导小组,路段"一路三方"领导小组根据区域层级下达的任务指标协商确定具体的协同联动交通管控方案,再将方案下达给路段"一路三方"各部门工作组,工作组根据方案通过开闭匝道出入口和在可变信息标志上发布信息以实现对路段交通的管控,最后由区域"一路三方"领导小组将事件向省(自治区、直辖市)"一路三方"领导小组报备。

(3)省(自治区、直辖市)范围内。

若影响范围超出事发路段所属区域,事发路段所属的公司总部管控中心将事件上报给省(自治区、直辖市)联网运营管理中心,省(自治区、直辖市)联网运营管理中心通过软件对事件进行动态推演,确定事件的影响范围。若影响范围仅局限于事发路段所属省(自治区、直辖市),省(自治区、直辖市)联网运营管理中心联合省(自治区、直辖市)公安厅交警总队和省(自治区、直辖市)公路路政总队组成省"一路三方"领导小组,协商确定各区域的任务指标,将任务指标下达给区域"一路三方"领导小组,区域"一路三方"领导小组根据省级下达任务指标协商确定各路段的任务指标,将任务指标下达给路段"一路三方"领导小组,路段"一路三方"领导小组根据区域层级下达的任务指标再协商确定具体的协同联动交通管控方案,再将方案下达给路段"一路三方"各部门工作组,工作组根据方案通过开闭匝道出入口和在可变信息标志上发布信息,实现对路段交通的管控,最后由省(自治区、直辖市)"一路三方"领导小组将事件向交通运输部领导小组报备。

(4)全国范围内。

若影响范围超出事发路段所属省(自治区、直辖市),事发路段所属的省(自治区、直辖市)联网运营管理中心将事件上报交通运输部,交通运输部领导小组确定各省(自治区、直辖市)的任务指标,将任务指标下达给各省(自治区、直辖市)"一路三方"领导小组,省(自治区、直辖市)"一路三方"领导小组根据交通运输部下达的任务指标协商确定各区域的任务指标,将任务指标下达给区域"一路三方"领导小组,区域"一路三方"领导小组根据省级下达任务指标协商确定各路段的任务指标,将任务指标下达给路段"一路三方"领导小组,路段"一路三方"领导小组根据区域层级下达的任务指标协商确定具体的协同联动交通管控方案,再将方案下达给路段"一路三方"各部门工作组,工作组根据方案通过开闭匝道出入口和在可变信息标志上发布信息实现对路段交通的管控。

10.2.2 计划事件

(1)路段内计划事件。

路段管理处联合路段相关交警主管部门和路段相关路政主管部门组成路段"一路三方"领导小组,协商确定具体的协同联动交通管控方案,再将方案下达给路段"一路三方"各部门工作组,工作组根据方案通过开闭匝道出入口和在可变信息标志上发布信息实现对路段交通的管控。

(2)区域内计划事件。

公司总部管控中心联合区域相关交警主管部门和区域相关路政主管部门组成区域"一路三方"领导小组,协商确定各路段的任务指标,将任务指标下达给路段"一路三方"领导小组,路段"一路三方"领导小组根据区域层级下达的任务指标协商确定具体的协同联动交通管控方案,再将方案下达给路段"一路三方"各部门工作组,工作组根据方案通过开闭匝道出入口和在可变信息标志上发布信息以实现对路段交通的管控。

(3) 省(自治区、直辖市)内计划事件。

省(自治区、直辖市)联网运营管理中心联合省(自治区、直辖市)公安厅交警总队和省(自治区、直辖市)公路路政总队组成省(自治区、直辖市)"一路三方"领导小组,协商确定各区域的任务指标,将任务指标下达给区域"一路三方"领导小组,区域"一路三方"领导小组根据省级下达任务指标协商确定各路段的任务指标,将任务指标下达给路段"一路三方"领导小组,路段"一路三方"领导小组根据区域层级下达的任务指标协商确定具体的协同联动交通管控方案,再将方案下达给路段"一路三方"各部门工作组,工作组根据方案通过开闭匝道出入口和在可变信息标志上发布信息实现对路段交通的管控。

协同联动交通管控流程如图10.4所示。

10.2.3　免费通行事件

交通运输部确定各省(自治区、直辖市)的任务指标,将任务指标下达给各省(自治区、直辖市)"一路三方"领导小组,省(自治区、直辖市)"一路三方"领导小组根据交通运输部下达的任务指标协商确定各区域的任务指标,将任务指标下达给区域"一路三方"领导小组,区域"一路三方"领导小组根据省级下达任务指标协商确定各路段的任务指标,将任务指标下达给路段"一路三方"领导小组,路段"一路三方"领导小组根据区域层级下达的任务指标协商确定具体的协同联动交通管控方案,再将方案下达给路段"一路三方"各部门工作组,工作组根据方案通过开闭匝道出入口和在可变信息标志上发布信息实现对路段交通的管控。

10.3　公路网事件应急预案

10.3.1　编制目的

为切实加强公路网事件的应急管理工作,建立完善应急管理体制和机制,提高公路网事件预防和应对能力,控制、减轻和消除公路网事件引起的严重社会危害,及时恢复道路交通正常运行,保障道路畅通,并指导地方建立应急预案体系和组织体系,增强应急保障能力,满足有效应对公路网事件的需要,保障经济社会正常运行,制定本预案。

10.3.2　编制依据

依据《中华人民共和国公路法》《公路交通突发事件应急预案》《高速公路交通气象条件等级》等法律法规制定本预案。

10.3.3　分类分级

本预案所称公路网事件是指由下列事件引发的造成或者可能造成高速公路出现严重拥堵、阻塞,需要相关部门实施交通管控措施,保证道路畅通运行的事件。

(1) 免费通行:春节、清明节、劳动节、国庆节四个国家法定节假日期间,全国多个省(自治区、直辖市)收费公路针对7座及以下小客车实行免费通行政策。

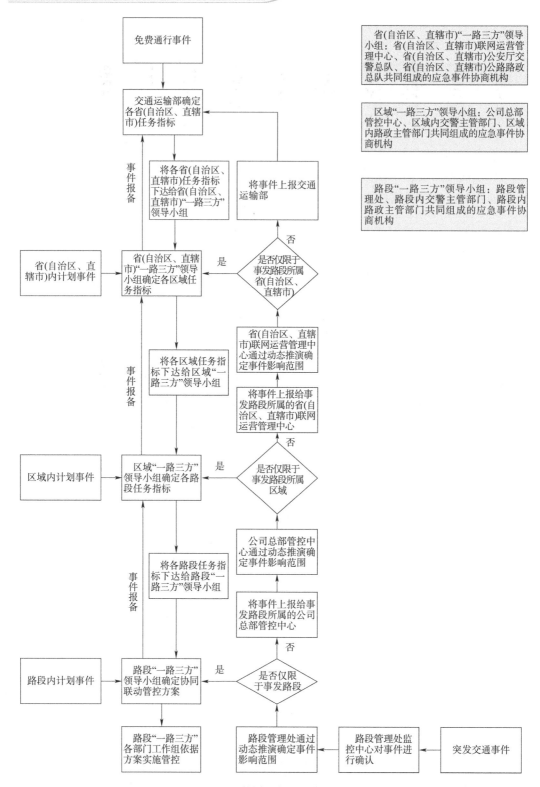

图10.4 协同联动交通管控流程

(2)计划事件:某些高速公路路段由于道路改扩建、道路设施检修维护等原因,路段车道数减少或出入口关闭导致通行能力下降,需要相关部门采取交通管控措施实现分流。

(3)气象灾害:台风、暴雨、暴雪、积雪以及低能见度等影响道路交通运输的灾害天气。

①依据风力等级划分。

依据平均风力(风速)和阵风风力(风速)对高速公路的影响进行等级划分,见表10.1。

风力等级划分及对高速公路交通运行的影响　　　　　表10.1

等级	划分标准	对高速公路交通运行的影响
1级	平均风5~6级(风速在8.0~13.8m/s之间)或阵风7级(风速在13.9~17.1m/s之间)	稍有影响
2级	平均风7级(风速在13.9~17.1m/s之间)或阵风8级(风速在17.2~20.7m/s之间)	有一定影响
3级	平均风8级(风速在17.2~20.7m/s之间)或阵风9~10级(风速在20.8~28.4m/s之间)	有较大影响
4级	平均风大于或等于9级(风速大于或等于20.8m/s)或阵风大于或等于11级(风速大于或等于28.5m/s)	有严重影响

②依据降雨等级划分。

依据降雨强度对高速公路的影响进行等级划分,见表10.2。

降雨等级划分及对高速公路交通运行的影响　　　　　表10.2

等级	划分标准	对高速公路交通运行的影响
1级	1h的降雨强度为10.0~14.9mm/h,或1min降雨强度为0.8~1.2mm/min,且能见度降到500m左右	稍有影响
2级	1h的降雨强度为15.0~29.9mm/h,或1min降雨强度为1.3~2.0mm/min,且能见度降到200m左右	有一定影响
3级	1h的降雨强度为30.0~49.9mm/h,或1min降雨强度为2.1~3.0mm/min,且能见度降到100~150m	有较大影响
4级	1h的降雨度≥50.0mm/h,或1min降雨强度>3.0mm/min,且能见度降到<100m	有严重影响

③依据降雪等级划分。

依据降雪强度对高速公路的影响进行等级划分,见表10.3。

降雪等级划分及对高速公路交通运行的影响　　　　　表10.3

等级	划分标准	对高速公路交通运行的影响
1级	小雪或雨夹雪	稍有影响
2级	中雪	有一定影响
3级	大雪	有较大影响
4级	暴雪	有严重影响

④依据积雪等级划分。

依据积雪厚度对高速公路的影响进行等级划分,见表10.4。

积雪等级划分及对高速公路交通运行的影响　　　　　表10.4

等级	划分标准	对高速公路交通运行的影响
1级	积雪厚度<1.0cm	稍有影响
2级	1.0cm≤积雪厚度<2.9cm	有一定影响
3级	3.0cm≤积雪厚度<4.9cm	有较大影响
4级	积雪厚度≥5.0cm	有严重影响

⑤能见度影响等级划分。

依据能见度对高速公路的影响进行等级划分,见表10.5

能见度等级划分及对高速公路交通运行的影响　　　　　表10.5

等级	划分标准	对高速公路交通运行的影响
1级	$200<L\leq500m$	稍有影响
2级	$100m<L\leq200m$	有一定影响
3级	$50m<L\leq100m$	有较大影响
4级	$L\leq50m$	有严重影响

注:L为能见度。

10.3.4　工作原则

(1)以人为本、缓急结合、科学应对、预防为主。

切实履行政府的社会管理和公共服务职能,把保障人民群众生命财产安全作为首要任务,高度重视公路交通突发事件应急处置工作,提高应急科技水平,增强预警预防和应急处置能力,坚持预防与应急相结合、常态与非常态相结合,提高防范意识,做好预案演练、宣传和培训工作,做好有效应对公路交通突发事件的各项保障工作。

(2)统一领导、分级负责、属地管理、联动协调。

本预案确定的公路网事件应急工作在交通运输部统一领导下,由"一路三方"领导小组具体负责,分级响应、条块结合、属地管理、上下联动,充分发挥各级高速公路应急管理机构的作用。

(3)职责明确、规范有序、部门协作、资源共享。

明确应急管理机构职责,建立统一指挥、分工明确、反应灵敏、协调有序、运转高效的应急工作机制和响应程序,实现应急管理工作的制度化、规范化。加强与其他部门密切协作,形成优势互补、资源共享的公路交通突发事件联动处置机制。

10.3.5　预警分级

根据公路网事件发生时对公路交通的影响范围分为四级预警,分别为Ⅰ级预警[多省(自治区、直辖市)乃至全国范围]、Ⅱ级预警[省(自治区、直辖市)范围]、Ⅲ级预警(区域范围)、Ⅳ级(路段范围),见表10.6。

预警级别及对应的事件情形　　　　　　　表10.6

预警级别	级别描述	事件情形
Ⅰ级	多省(自治区、直辖市)乃至全国	事件影响范围涉及多个省(自治区、直辖市)乃至全国范围,需要由交通运输部进行任务部署
Ⅱ级	省(自治区、直辖市)范围	事件影响范围仅局限于省内,需要由省(自治区、直辖市)"一路三方"领导小组进行任务部署
Ⅲ级	区域范围	事件影响范围仅局限于区域内,需要由区域"一路三方"领导小组进行任务部署
Ⅳ级	路段范围	事件影响范围仅局限于路段内,路段"一路三方"领导小组可自行处理

第11章 跨区域大范围路网协同运行控制系统研发

11.1 系统总体架构与模块划分

作为"跨部门跨区域路网监测与安全保障服务平台"的组成部分,跨区域大范围路网协同运行控制系统与专题一所研发的"高速公路网运行状态综合感知系统"和专题二所研发的"公路网运行状态评估与态势分析系统"关系密切。两者分别为本专题(专题三)提供数据源和实施效果评估手段。本系统由业务应用层、基础功能层和支持层构成,系统总体架构如图11.1所示。

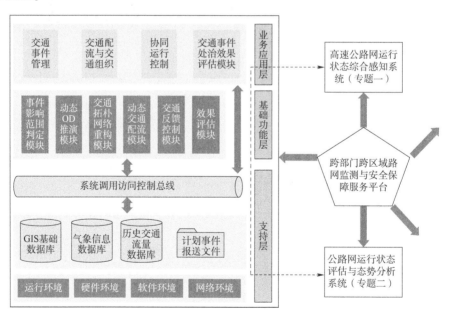

图11.1 系统总体架构

业务应用层功能模块,是用户与系统直接交互的模块,是系统界面设计的基础,包括四个模块:事件管理、交通组织与配流、协同运行控制控制、交通事件处置效果评估。

基础功能层是本系统基础模块组,包括六个模块:事件影响范围判定、动态OD推演,交通拓扑网络重构、动态交通配流、交通反馈控制及效果评估。基础功能层并不作为单独的模块与用户进行交互,而是体现在对业务应用层(包括四大系统功能模块)的支撑上,是实现业务应用层的内核基础,表现为应用服务和内部调用。

支持层包括系统运行软硬件及网络环境,通常主流配置的工作站(或服务器)可满足硬件要求,安装 Windows7 以上常用操作系统及办公软件可满足软件要求。考虑视频接入要求,系统宜配置光纤接入或 1000M 宽带接入。此外,支持层还有基础数据的访问,主要包括 GIS 数据库、气象信息数据库、历史交通流数据库(这三者非本地数据,通过 Web Service 技术调用存在于专题一的数据库),另外还有一个交通事件报送数据[为本地数据,包括计划事件、突发事件(包括推送获取)、节假日事件等]。

11.2 系统各模块间关系

如图 11.2 所示,深色为基础功能层模块(共 6 个),浅色为业务应用层模块(共 5 个),底下两部分分别为专题一所研发的"高速公路网运行状态综合感知系统"和专题二所研发的"公路网运行状态评估与态势分析系统",箭头表示模块调用和数据获取。

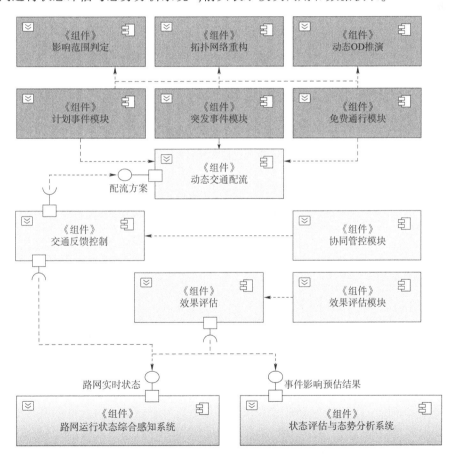

图 11.2　系统各模块间关系图

业务应用层的计划事件模块、突发事件模块、免费通行模块都将调用基础功能层的事件影响范围判定模块、动态 OD 推演模块、交通拓扑结构重构模块和动态交通流配流模块,并最终生成交通配流方案。交通反馈控制模块将获取动态交通配流方案和路网实时状态等数据进行交通反馈管控。效果评估模块将路网实时状态和事件影响预估结果进行比较分析,最终生成评估结果。

总体数据流如图 11.3 所示。

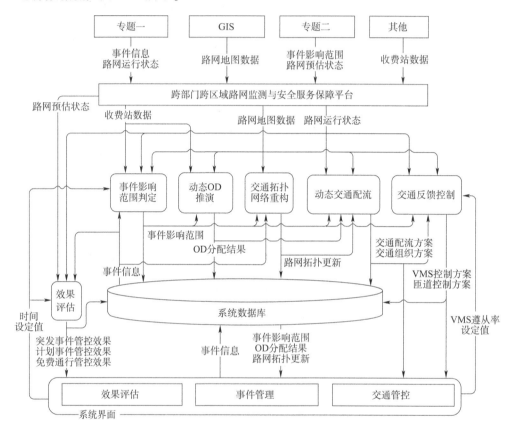

图 11.3 总体数据流

11.3 系统外部接口分析

11.3.1 与高速公路网运行状态综合感知系统接口

本系统需要从专题一获取的道路及实时交通信息,具体包括:

(1)路网分路段 GIS 数据,包括高速公路、国省干线公路以及同出入口连接的道路。

(2)路段属性数据,包括道路等级、所在行政区域、车道数、设计速度、单向或双向通行特性、双向分割方式、路段通行能力等。

(3)高速公路活动护栏数据,包括所在道路名称或编号、所属路段编号、所属管辖单位、桩号位置。

(4)高速公路可变信息标志(VMS)数据,包括所在道路名称或编号、所属路段编号、所属管辖单位、桩号位置、VMS类型、VMS级别、VMS下游作用范围(起止桩号)。

(5)收费站通行实时数据,包括收费站编号、间隔5min的实时分车型和进出交通量数据。

(6)路段流量、流速实时信息,包括编号,多源数据融合后间隔5min的实时分车型流量、流速数据。

(7)各路段气象信息数据,包括路段编号、气象参数列表等。

(8)交通事故实时报送数据,包括事故位置对应的路段编号、事故类型、占用车道位置,以及事故详细描述或包括现场照片或视频。

11.3.2 与公路网运行状态评估与态势分析系统接口

本系统需要从专题二获得交通事件的影响范围时空分析,具体需要获得的数据包括:

(1)分区域路网双向拓扑结构,包括高速公路、国省干线公路以及同出入口连接的道路。提供拓扑结构的表达方式及数据表,与专题一对应。

(2)互通立交拓扑结构及属性数据包括互通立交编号、匝道编号、匝道车道数、通行能力、限速等,与专题一要对应。

(3)收费站拓扑结构及属性数据,包括收费站编号、进出高速公路属性、双向收费通道数,与专题一要对应。

(4)事件条件下交通影响推演数据:对专题二系统的输入是事件影响分析请求,返回一个交互式事件影响参数录入窗口,包括事件位置、类型、占用车道数、事故段剩余通行能力、预估处理时间、影响分析时间推演选项(如5min、10min、20min、30min等)等信息,提交系统处理后,返回影响推演结果。选项包括图形和数据(包括速度、流量、占有率、延误时间、排队长度变化及消散时间等)。

(5)事件处置方案交通影响推演数据:对专题二系统的输入是处置措施影响分析请求,返回一个交互式事件处置参数录入窗口,包括配流参数调整、拓扑结构和交通阻抗参数修改、影响分析时间推演选项(如5min、10min、20min、30min等)等信息,提交系统处理后,返回影响推演结果。

11.4 系统基础功能层模块设计

11.4.1 事件影响范围判定模块

1)功能描述

该模块基于高速公路收费站进出口流水数据以及各路段实时平均速度数据得到。需要人工输入事件发生的路段(上下游收费站)、时间(年、月、日、小时、分钟)以及预计持续时间(计划事件不需要此项)。

根据事件发生的路段、方向和持续时间,结合各路段实时平均速度,可以计算出在此时所有上游站点中，将会被影响的入口站点，以及可能被影响的在途车辆的关键位置。得出的所有被影响入口站点，将作为分流的关键起点。被影响的在途车辆关键位置，需要结合该位置是否有信息发布手段(VMS 或广播)、是否存在绕行可能，再将其列入分流关键节点。

对于得出的分流关键起点，根据该站点的历史收费流水数据挖掘出的稳定分配模式，结合事件发生的日期(工作日/周末)、时间(0:00—24:00)，使用对应最优模式，预测这些起点站点在此时段的车流分配，由此得到大量的下游站点。

此时，根据上游起点和下游终点，在路网上按照最短路径连接，得到大量行驶路径，剔除行驶路径不经过事发路段的组合，留下的路径及其起终点组成的就是事件的大致影响范围。

2) 输入输出数据

(1) 输入数据。

输入数据包括收费站数据、地图路网数据、事件发生的位置(人为输入)、事件预计持续时间(人为输入)和路网实时速度。

①收费站数据。

收费站数据来源于相关数据库，属于历史数据，如表 11.1 所示。

收费站数据　　　　　　　　　　　　　　　　表 11.1

字段名	含义	示例
INSTAID	入口收费站 ID	101
STATIONID	出口收费站 ID	102
INOPDT	入口时间	2010-12-01 08:00:00
OPERATEON	出口时间	2010-12-01 08:16:12
INVEHTYPE	入口车型	1
VEHYPTE	出口车型	1
INVEHPAUTO	入口车牌	蓝皖 A2745
VEHPAUTO	出口车牌	蓝皖 A2745
ISTRUCK	是否货车	1(是)
PAYMONEY	收费金额(元)	5
WEIGHT	实际重量(kg)	1700
LIMLOAD	限制重量(kg)	5000
CHKSTAID	标识站 ID	0

②地图路网数据。

地图路网数据来源于平台 GIS，见表 11.2。

路网数据　　　　　　　　　　　　　　　　表 11.2

序号	路段名称
1	合肥西—蜀山
2	蜀山—合肥西
4	三十头—双墩
8	三十头—路口

续上表

序号	路段名称
16	包河大道-龙塘
32	龙塘-包河大道
64	陇西—路口
128	路口-陇西
256	双庙-永康
512	蚌埠-永康
1024	袁寨-阜阳东
2048	刘小集-阜阳东
4096	蒙城-利辛
8192	利辛-蒙城

③事件信息。

事件信息来源于相关数据库。计划事件信息前期通过人工录入数据库；突发事件的感知或触发可由系统自动进行，但具体的事件信息还是需要人工在事件发生后的第一时间确定和录入。

事件包括进行中事件和历史事件（已结束）。正在进行中的突发事件信息每隔5min更新一次（先通过人工输入更新，再更新数据库，比如车道阻断更新、预计结束时间更新、事件描述和处置情况描述更新等），处置完成的事件归为历史事件。事件元数据见表11.3。

事件元数据 表11.3

字段	标识符	类型	示例	备注
事件编号	Accident_ID	long	5	主键
事件类型	Accident_Type	int	2	突发事件：事故、自然灾害、基础设施破坏、其他突发事件等；计划事件：施工占道、道路封闭、特殊活动等
事件状态	Accident_Condition	int	0	进行中事件还是已结束事件？
事件等级	Accident_Class	int	2	严重程度，影响大小
道路编号	Road_ID	String	G42	
桩号	ST	float	578.56	
方向	direction	int	0	
发生时间	Accident_Time	Time	2015/07/15 18:30	
预计结束时间	Time_Pend	Time	2015/07/15 19:30	
实际结束时间	Time_Rend	Time	2015/07/15 19:50	进行中事件此项为空
原有车道数	OLane_Number	int	3	
车道阻断数	Block_Number	int	1	
原有通行能力	Ocapacity	int	4800	

续上表

字段	标识符	类型	示例	备注
事件下通行能力	Acapacity	int	2500	
事件详细描述	Accident_Description	String	一辆大型货车侧翻，占据右侧一车道及紧急停车道	
事件处置描述	Accident_Countermeasure	String	封闭K578收费站下行方向入口，调用起重机及大型拖车到现场处理	

④路网实时速度。

路网实时速度来源于"高速公路网运行状态综合感知系统"或相关数据库，如表11.4所示，每隔5min更新一次。

路网实时速度数据　　　　　　　　　　　表11.4

字段	标识符	类型	示例	备注
路段编号	Segment_ID	String	G42-58	
路段起点	Segment_Start	float	458.78	桩号或收费站点
路段终点	Segment_End	float	469.27	
路段平均速度	Speed_Average	float	89.54	
路段最大通行能力	Segment_Capacity	float	4500	
路段流量	Segment_Volume	float	3580	

(2) 输出数据。

所有被影响的上游站点编号和下游站点编号，以及连接这些站点的路网是一组节点和路段编号的集合，通过GIS可视化表达和显示，如表11.5所示。每隔5min更新一次，直到事件结束。

事件影响范围数据　　　　　　　　　　　表11.5

字段	标识符	类型	示例	备注
事件编号	Accident-ID	long	4578	
影响范围	Infuence_Range	String	G42-58，G42-59，G15-36	一组节点和路段编号的集合

11.4.2 动态OD推演模块

1) 功能描述

该模块基于高速公路收费站数据和手机信令数据，动态估计OD矩阵，分为常收费和节假日免费通行两种状态。正常收费状态下，通过高速公路网格进口、出口收费站的车辆出入信息，对进、出口收费站的车辆信息进行比对，根据车辆信息的匹配情况得到动态OD矩阵；节假日免费通行状况下，根据手机信令数据获取车辆进入高速公路网前后所处的基站位置范围由进口、出口收费站的车辆出入信息，对进、出口收费站的车辆信息进行比对，根据车辆信息的匹配情况得到动态OD矩阵。动态OD模块组件图如图11.4所示。

第11章 跨区域大范围路网协同运行控制系统研发

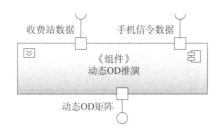

图 11.4 动态 OD 模块组件图

2) 输入输出数据

(1) 输入数据。

输入数据包括事件影响范围(见表 11.5)、收费站数据(见表 11.1)。

(2) 输出数据。

所有被影响的上游站点在事件发生时段的 OD 分配,即由各个上游站点驶向下游站点的车流分配比例。每隔 5min 更新一次,如表 11.6 所示。

OD 推演矩阵 表 11.6

OD 流量	101	102	103	104
101	0	897	1926	854
102	357	0	865	1635
103	1065	369	0	694
104	365	1065	975	0

3) 数据处理流程

数据处理流程见图 11.5。

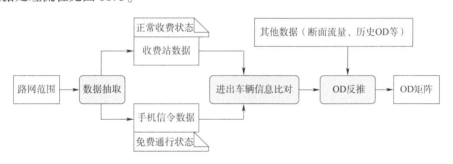

图 11.5 数据处理流程

11.4.3 交通拓扑网络重构模块

1) 功能描述

该模块基于交通事件和交通组织方案的影响,对道路网的拓扑结构进行更新,使得更新后的路网拓扑结构与当前的实际路网拓扑结构一致。其逻辑过程为首先获取交通事件或交通组织方案的相关信息(比如位置、方向、车道中断情况等),并转化为计算机数据和图形的表达形式,然后按照路网连通及车路通行规则对路网拓扑关系进行更新,最后根据道路通行条件更新路段及节点阻抗参数。交通拓扑网络重构模块组件图如图11.6所示。

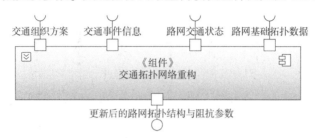

图11.6 交通拓扑网络重构模块组件图

2）输入输出数据

（1）输入数据。

本模块输入数据包括动态OD推演输出的OD矩阵（见表11.6）、地图路网数据（见表11.2）和事件信息（见表11.3）。

（2）输出数据。

输出拓扑网络如表11.7所示。

表11.7 输出拓扑网络

字段	标识符	类型	示例	备注
节点编号1	Node1_ID	String	G42-58	
节点编号2	Node2_ID	String	G15-20	桩号或收费站点
阻抗系数	Block_Index	float	0.5	

3）数据流程

数据流程如图11.7所示。

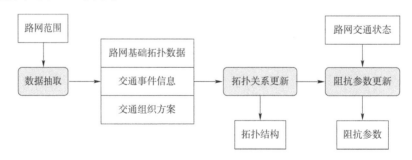

图11.7 数据流程

路网基础拓扑数据来源于平台的GIS和路网结构评估模块。

交通组织方案包括车道封闭数目及起止点、占用对向车道数目及起止点、分流点位置和分流量、绕行路径、匝道开闭等。

路网交通状态数据包括路网各路段和节点的通行能力、流量、流速等。

路网拓扑结构是把道路交叉可转弯的点作为节点用唯一ID表示，节点和节点之间的权值可以用道路长度和道路等级以及通行能力动态生成，以提供长度优先或者时间优先等规划方式。

阻抗参数更新是拓扑重构的重要输出,也是动态交通配流的重要输入,包括节点阻抗和路段阻抗,需根据路网条件和交通条件计算得到。

11.4.4 动态交通配流模块

1)功能描述

该模块通过调用动态 OD 推演模块和拓扑结构重构模块,以时变的 OD 矩阵为输入变量,基于路网流量与行驶阻抗的关系,实时动态地确定交通需求在高速公路网各路径的分配过程。该过程需要依次确定系统配流的目标函数、用户行为模型、路段费用模型、路径选择模型,最后根据路径选择模型进行动态网络加载。动态交通配流模块组件图如图 11.8 所示。

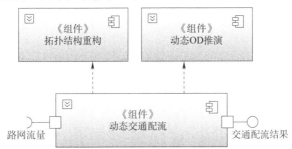

图 11.8　动态交通配流模块组件图

2)系统输入输出

(1)输入数据。

输入数据为影响范围内各路段的实时流量、各路段的设计通行能力以及地图路网数据。

(2)输出数据。

输出数据是影响范围模块确定的所有路段在未来合理的流量变化。

3)数据流程

路网流量为路网范围内各路段和各节点的实际流量,来源于专题一综合感知系统。

动态交通配流模块调用拓扑重构模块和 OD 推演模块时,得到拓扑结构、阻抗参数和 OD 矩阵,这都是动态交通配流的重要输入。

配流结果为路网范围内各路段和各节点的理论最优流量,同时结果作为交通组织方案生成和交通反馈控制的重要输入。

动态交通配流数据流图如图 11.9 所示。

11.4.5 交通组织方案生成模块

1)功能描述

该模块根据路网流量的分布状况、发展趋势以及交通异常事件的影响,自动生成交通组织方案,优化路网流量分布。其主要流程为:①交通状态参数和交通事件信息的获取与确认;②更新路网拓扑与阻抗参数(调用交通拓扑网络重构模块);③依据 OD 预测(调用动态 OD 推演模块)和路网更新进行动态交通分配(调用动态交通配流模块);④根据配流结果判断交通限制路段和节点;⑤确定受影响的主要 OD 对;⑥生成受影响的主要 OD 对车流的绕行路线;⑦汇总提炼形成最终交通组织方案。交通组织方案生成模块组件图如图 11.10 所示。

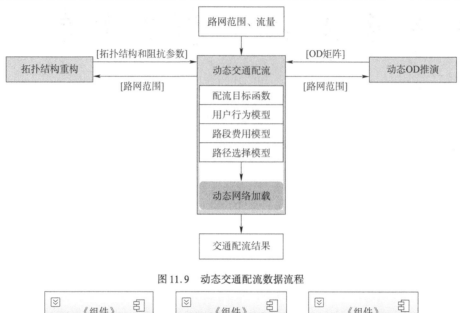

图 11.9　动态交通配流数据流程

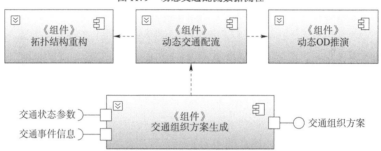

图 11.10　交通组织方案生成模块组件图

2) 数据流程、数据结构和算法

交通组织方案生成模块数据流图如图 11.11 所示。

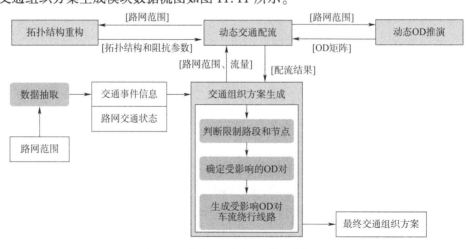

图 11.11　交通组织方案生成模块数据流图

交通事件信息包括道路编号、桩号、方向、车道中断数、通行能力折减、预计持续时间等。计划事件和免费通行的信息来自前期的人工输入;突发事件信息来自系统自动感知信息和人工输入信息的结合,以最终人为确定的信息为准。

路网交通状态数据包括路网各路段和节点的通行能力、流量、流速等。

配流结果将作为交通组织方案生成的重要输入。

交通组织方案包括车道封闭数目及起止点、占用对向车道数目及起止点、分流点位置和分流量、绕行路径、匝道开闭等。反过来,交通组织方案将改变路网拓扑结构,所以交通组织方案是路网拓扑重构的重要输入。

11.4.6 交通反馈控制模块

1)功能描述

交通反馈控制模块实现动态管控子区的划分和子区内交通流入量的协调控制,并实现VMS诱导与交通流入控制的协同控制。其主要流程为:①获取实时路网状态信息(来自专题一)及交通组织方案(来自交通组织方案生成模块);②动态交通配流(调用动态交通配流模块);③将路网配流结果与正常值比较;④控制子区划分;⑤基于下游分流点分流比例的反馈式VMS诱导发布和基于路网配流目标值的反馈式匝道协调控制。交通反馈控制模块组件图如图11.12所示。

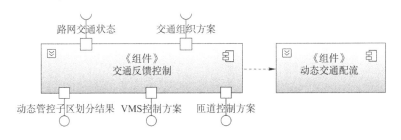

图11.12 交通反馈控制模块组件图

2)数据流程、数据结构和算法

交通反馈控制模块数据流图如图11.13所示。

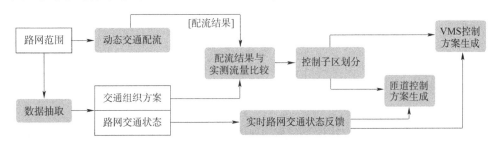

图11.13 交通反馈控制模块数据流图

理想配流结果和实测的路网流量的偏差是反馈控制的重要输入,并根据反馈的实时流量不断调整VMS控制方案和匝道控制方案。

11.4.7 效果评估模块

1) 功能描述

效果评估模块针对所有的交通事件,评估交通处置实施方案(包括交通配流、交通组织和协同管控全过程)在缓解交通压力、排除交通拥堵方面的有效性,采用前后对比的方法,即将实测的协同管控结果(来自专题一综合感知系统)和事件影响预估结果(来自专题二态势分析系统)进行定量的比较分析(也就是比较不采取任何措施情况下预估的路网状态和采取管控措施后的路网状态,包括通行能力的比较、平均延误的比较、路网效率的比较等项目)。

效果评估模块为事件处置方案实施后,就以后台服务的方式自启动,自主定时收集和存储管控过程中的交通变化数据和评估数据,为业务应用层的交通事件处置效果评估模块提供前期的基础数据和初步评估结果。效果评估模块组件图如图11.14所示。

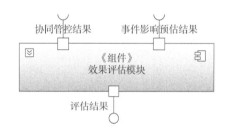

图11.14 效果评估模块组件图

2) 数据流程、数据结构和算法

效果评估模块数据流图如图11.15所示。

图11.15 效果评估模块数据流图

根据所选事件,抽取该事件相关数据。协同管控实时结果主要来自专题一综合感知系统;事件影响预估结果主要来自专题二的路网状态评估和态势研判系统。

协同管控实时结果和事件影响预估结果包括各路段流量、流速、行程时间、拥堵位置延误时间等。通过对比可得到行程时间、平均延误、路网效率等各分项指标的比较结果,此结果直接反映事件处置效果,也将作为效果综合评估的重要输入。

11.5 系统业务应用层模块设计

11.5.1 计划事件下路网交通组织管理优化模块

该模块主要实现计划事件的信息管理、影响评估,针对计划事件管理所需的交通配流、交通组织方案生成等功能,实现交通资源的动态最优配置。具体功能流程包括:①录入计划事件信息,提交上级审批,并系统内发布和共享事件信息(信息管理);②调用"交通拓扑路网重构模块"对优化前交通路网进行重构,然后调用专题二的路网状态评估、态势研判等功能模块,对计划事件进行交通影响评估;③基于本专题(专题三)子专题1的相关模型和算法进行交通配流和交通组织方案生成(主要是调用"动态交通配流模块"和"交通组织方案生成模块");④运行协同管控模块,交通配流结果和交通组织方案将作为协同管控模块的宏观管控目标和控制条件。计划事件模块活动图如图11.16所示。

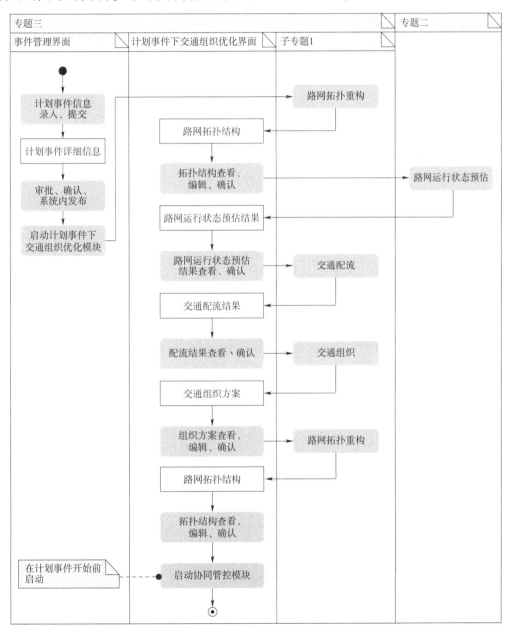

图 11.16　计划事件模块活动图

计划事件模块将调用基础功能层的动态 OD 推演、拓扑结构重构、动态交通配流、交通组织优化 4 个模块,并最终生成交通组织优化方案。

计划事件模块组件图如图 11.17 所示,计划事件模块数据流图如图 11.18 所示。

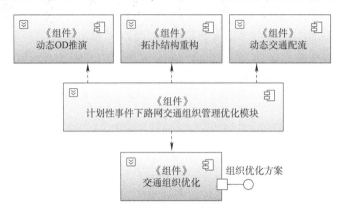

图 11.17 计划事件模块组件图

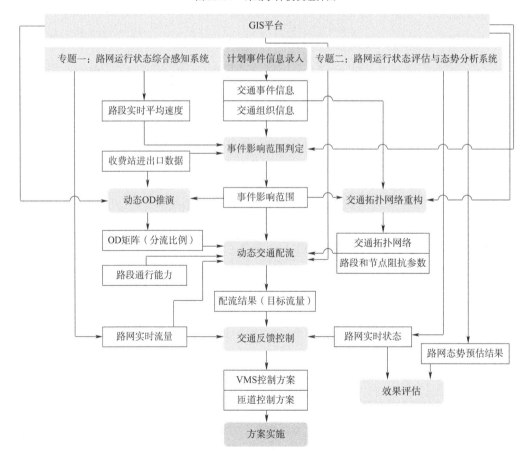

图 11.18 计划事件模块数据流图

11.5.2 突发事件下路网交通流调度模块

突发事件下路网交通流调度模块主要实现突发事件的触发、信息管理、影响评估、交通配流、交通组织方案生成等功能,以最大限度地减小突发事件对路网带来的冲击。具体功能流程为:①突发事件触发与上报。突发事件可通过交通实时感知系统(专题一)自动识别,也可由事件现场人员电话上报(触发)。②事件信息管理,相关人员通过事件管理界面录入事件关键信息,并可在联网系统内发布和共享事件信息。③调用"交通拓扑路网重构模块"对优化前交通路网进行重构,然后调用专题二的路网状态评估、态势研判等功能模块,对突发事件进行交通影响评估。④基于本专题(专题三)子专题1的相关模型和算法进行交通配流和交通组织方案生成。⑤运行协同管控模块,交通配流结果和交通组织方案将作为协同管控模块的宏观管控目标和控制条件。突发事件模块活动图如图11.19所示。

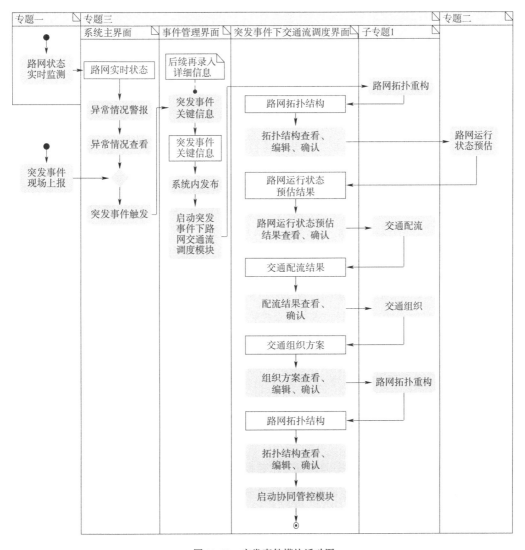

图 11.19 突发事件模块活动图

突发事件模块将调用基础功能层的动态 OD 推演、拓扑结构重构、动态交通配流、交通组织优化 4 个模块，并最终生成交通组织优化方案。突发事件模块组件图如图 11.20 所示。

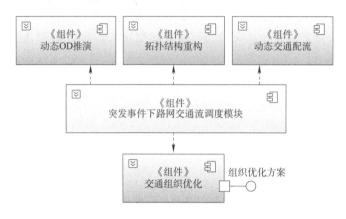

图 11.20　突发事件模块组件图

11.5.3　免费通行条件下路网交通组织模块

免费通行可理解为一种特殊的计划事件。该模块主要实现免费通行的信息管理、影响评估、交通配流、交通组织方案生成等功能，为免费通行条件下高速公路平稳运行提供技术支撑。具体功能及流程为：①节假日免费通行事件信息管理。通过人机交互界面，路网中心可发布全局性的免费通行信息，省级部门也可向下发布地方性的免费通行信息，且所有信息在全国范围内共享；②免费通行条件下历史交通信息查询（包括路网和路段交通流量数据、各地路网事故数据、路网拥堵情况等）；③基于专题一的历史交通量数据，调用动态 OD 推演模块对路网 OD 进行反推，确定 OD 矩阵；④调用专题二的路网状态评估、态势研判等功能模块对路网各路段和进出口流量、路网拥堵情况、路网运行状态进行预估；⑤基于本专题（专题三）子专题 2 的相关模型和算法进行交通配流和交通组织方案生成；⑥运行协同管控模块，交通配流结果和交通组织方案将作为协同管控模块的宏观管控目标和控制条件。免费通行模块活动图如图 11.21 所示。

免费通行模块将调用基础功能层的动态 OD 推演、拓扑结构重构、动态交通配流、交通组织优化 4 个模块，并最终生成交通组织优化方案。免费通行模块组件图如图 11.22 所示。

11.5.4　基于路网实时交通态势的交通协同控制软件模块

该模块根据宏观管控目标（交通配流）和管控条件（交通组织方案），实现具体协同管控的目标生成、管控方案生成、设备状态查看与控制等功能，以实现对跨区域大范围路网协同运行控制。该模块既可作为单独的模块对尚未构成交通事件（如严重拥堵）的交通流进行路网范围的优化和微调，也作为前面三个模块（面向交通事件处置形成的交通配流与组织方案）的后续协同控制措施。

第11章 跨区域大范围路网协同运行控制系统研发

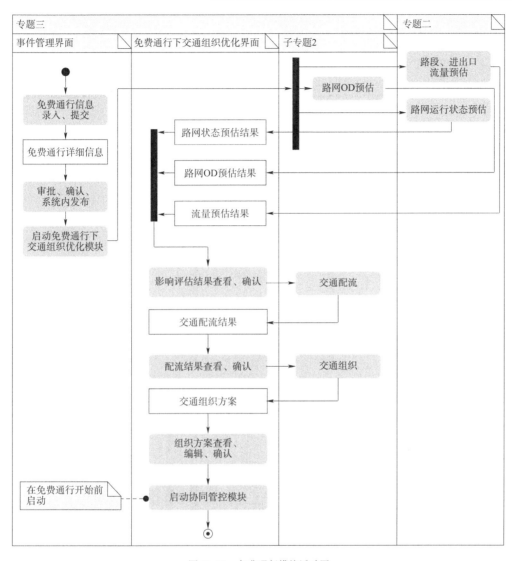

图 11.21 免费通行模块活动图

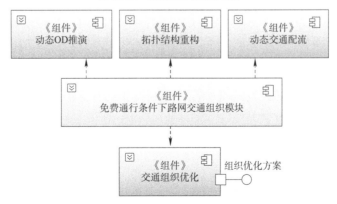

图 11.22 免费通行模块组件图

具体功能与基本流程为：①基于本专题（专题三）子专题3的模型和算法，根据交通配流结果和交通组织方案，系统将自动生成协同管控微观目标，包括分流点分流比、收费站流入流出量、路段目标流量和车速；②以人工交互的方式可实现对管控微目标的查看和修改；③根据修改并确认的管控微目标，生成具体的管控方案，包括VMS诱导方案、控制子区划分方案、收费站流入控制方案、车道和车速控制方案等；④通过协同管控界面可查看、编辑管控方案，可查询和显示外部管控设备设备的当前状态，例如各处VMS上发布的信息、匝道的开闭等情况，也可人为更改管控设备状态；⑤调用专题一的交通感知功能和专题二的路网状态评估等功能对管控结果实时监测并进行反馈调节，形成闭环控制。协同管控模块活动图如图11.23所示。

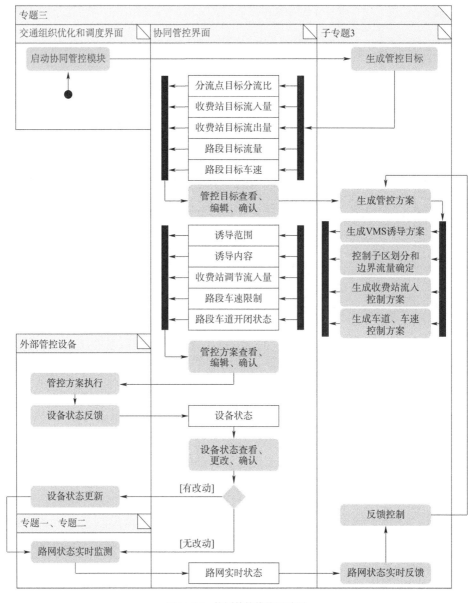

图11.23 协同管控模块活动图

协同管控模块将调用基础功能层的交通反馈控制(交通反馈控制模块将调用动态交通配流模块),并基于交通组织优化模块成交通组织优化方案进行管控。协同管控模块组件图如图 11.24 所示。

图 11.24　协同管控模块组件图

11.5.5　交通事件处置效果评估模块

交通事件处置效果评估模块能够实现对突发事件的协同管控系统启动实时性评估、交通事件处置方案实施前后效果评估和交通事件综合评估等功能,该模块也为前面几个业务应用模块服务,并作为依托工程实施自评估的重要数据来源和基础。

协同管控系统启动实时性评估主要是针对评估突发事件处置的高效性角度进行评估,包括从发现到组织方案生成的时间,以及从方案生成到管控开始执行的时间等具体指标;交通事件处置方案实施前后效果评估(即基础层"效果评估模块")则针对所有的交通事件,评估交通处置实施方案的缓解交通压力的有效性,即将实测的协同管控结果和事件影响预估结果进行定量的比较分析(也就是比较不采取任何措施情况下的路网状态和采取管控措施后的路网状态,包括通行能力的比较、平均延误的比较、路网效率的比较等项目);综合评估单元则是通过层次分析法对前面各项指标的一个综合评判,并给出简易的分析评估报告。交通事件处置效果评估模块活动图如图 11.25 所示。

业务应用层的效果评估模块将调用基础功能层的效果评估模块。交通事件处置效果评估模块活动图如图 11.26 所示。

11.6　系统开发与功能实现

系统基于 B/S 架构进行开发,集中部署在交通运输部路网监测与应急处置中心,作为"跨部门跨区域路网监测与安全保障服务平台"的组成部分,与其他子系统通过 Web Service 技术实现数据访问。

系统功能如下:

(1)登录界面如图 11.27 所示。

用户在输入分配的用户名和登录密码后可登录系统。

(2)事件管理模块。

事件管理模块(图 11.28)包括计划事件、突发事件、免费通行事件以及历史事件。事件管理模块允许人工录入信息(图 11.29),同时可接受"平台"推送信息。

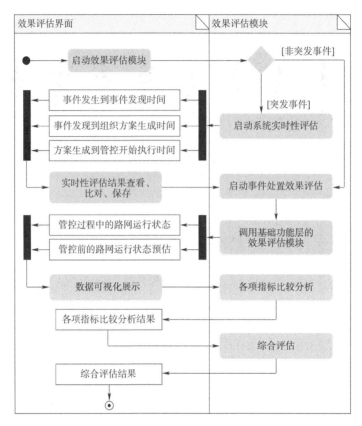

图 11.25 交通事件处置效果评估模块活动图

图 11.26 交通事件处置效果评估模块活动图

图 11.27 登录界面

图 11.28　事件管理模块

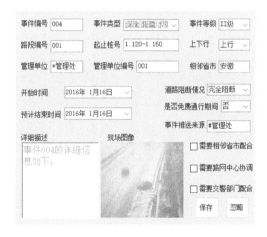

图 11.29　事件录入模块

(3) 交通组织与配流模块。

交通组织与配流模块的功能是基于网络配流算法,对事件影响范围内的交通流进行配流和交通组织。

(4) 协同管控模块。

协同管控模块基于系统总延误数最小化按照事件严重程度的平均影响时间、平均时间的 75% 和平均时间的 1.5 倍的影响范围确定三个协同管控方案,形成方案集,涉及匝道入口流量控制和 VMS 信息显示控制的组合控制策略。

(5) 效果评估模块。

效果评估模块用于对比分析有无管控情况下道路交通拥堵的差异性(图 11.30)。其中无管控的道路运行状态预测数据来源于"公路网运行状态评估与态势分析系统",管控状态下的运行状态时变数据来源于"高速公路网运行状态综合感知系统"。

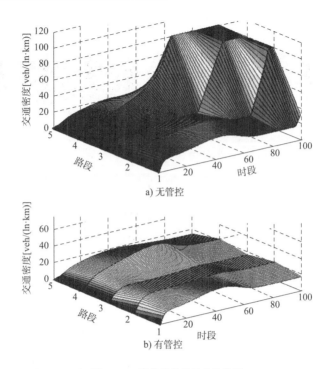

图 11.30 管控效果有无对比分析

参 考 文 献

[1] 杨晓萍.上海市首轮重大节假日高速公路网运行特征分析[J].上海公路,2013(3):61-64.
[2] 王长君.高速公路网应急交通组织技术[M].上海:同济大学出版社,2011.
[3] 樊建强,郭超.高速公路管理体制现状与改革[J].长安大学学报:社会科学版,2006,8(3):12-16.
[4] 张晓燕.高速公路重大突发事故紧急救援体系的研究[D].武汉:武汉理工大学,2003.
[5] 林丽榕.高速公路交通事故紧急救援体系的研究[D].西安:长安大学,2009.
[6] 徐吉谦.交通工程总论[M].北京:人民交通出版社,2003.
[7] 石小法,王炜.动态用户均衡配流模型的研究[J].系统工程理论与实践,2001,16(1):130-133.
[8] 石小法,王炜.动态交通网络的用户均衡配流模型[J].东南大学学报,2000,30(1):111-116.
[9] 撒元攻,徐建闽.高速公路动态交通流建模与仿真研究[J].交通与计算机,2002,20(106):3-6.
[10] PAPAGEORGIOU M. Feedback and Iterative Routing Strategies Freeway Networks[J]. Mexico:2001,4(1):1162-1167.
[11] MESSMER A, PAPAGEORGIOU M, MACKENZIE N. Automatic control of variable message signs in the interurban Scottish highway network[J]. Transportation Research Part C:Emerging Technologies,1998, 6(3):173-187.
[12] 徐天东,孙立军,郝媛.基于模型预测的快速交通网络路由诱导方法[J].同济大学学报(自然科学版),2010(6):827-831.
[13] CHATTERJEE K M M. Effectiveness of using variable message signs to disseminate dynamic traffic information[J]. Transport Review,2004, 24(5):559-562.
[14] FOO S A B H F. Impacts of changed CMS message on traffic diversion rates[J]. Transportation Research Record,2009(5):47-58.
[15] 徐天东,孙立军,郝媛.不同交通信息下网络交通动态路径选择行为[J].同济大学学报(自然科学版),2009,8(37):1029-1033.
[16] 李萍.基于SP问卷调查的VMS诱导效果评价方法研究[D].北京:北京交通大学,2010.
[17] 邵春福,董春娇,郑长青,等.可变情报板诱导效果评价模型[J].控制理论与应用,2010(12):1681-1685.
[18] 徐天东,郝媛,孙立军.群体诱导信息下驾驶员响应行为的辨识与建模[J].同济大学学报(自然科学版),2013,11(41):1706-1711.

[19] XU T, HAO Y, PENG Z, et al. Automatic Calibration of Behavioral Parameters for Variable Message Sign-Based Route Guidance Consistent with Driver Behavior[J]. Transportation Research Record: Journal of the Transportation Research Board, 2012, 23(21): 55-65.

[20] XU T, SUN L, PENG Z. Empirical Analysis and Modeling of Drivers' Response to Variable Message Signs in Shanghai, China[J]. Transportation Research Record: Journal of the Transportation Research Board, 2011, 22(43): 99-107.

[21] GEDELA S P S. Real-Time Variable Message Sign-Based Route Guidance Consistent with Driver Behavior[J]. Transportation Research Record, 2010: 117-125.

[22] CASSIDY M J, RUDJANAKANOKNAD J. Increasing the capacity of an isolated merge by metering its on-ramp[J]. Transportation Research Part B: Methodological, 2005, 39(10): 896-913.

[23] 常云涛. 高速公路网动态OD矩阵估计及匝道与路由协调控制研究[D]. 上海:同济大学, 2004.

[24] 张海军, 杨晓光. 高速道路入口匝道控制方法综述[J]. 同济大学学报(自然科学版). 2005, 33(8): 1051-1055.

[25] PAPAGEORGIOU M. Freeway Ramp Metering: An Overview[R]. Dearborn, USA: 2000.

[26] 陆克丽霞, 杜豫川, 孙立军. 基于ALINEA算法的上海快速路入口匝道控制方法[J]. 同济大学学报(自然科学版), 2009(2): 207-213.

[27] SMARAGDIS E, PAPAGEORGIOU M, KOSMATOPOULOS E. A flow-maximizing adaptive local ramp metering strategy[J]. Transportation Research Part B: Methodological, 2004, 38(3): 251-270.

[28] WATTLEWORTH J A B D S. Peak period control of a freeway system—some theoretical investigations[J]. Highway Research Record, 1965(89): 1-25.

[29] WANG J M A. Computer model for optimal freeway on-ramp control[J]. Highway Research Record, 1973(469): 16-25.

[30] M P. A new approach to time-of-day control based on a dynamic freeway traffic model[J]. Transportation Research Part B, 1980(12): 349-360.

[31] 杨晓光. 城市高速道路交通系统动态控制方法研究[D]. 上海:同济大学, 1996.

[32] KOTSIALOS A, PAPAGEORGIOU M, MANGEAS M, et al. Coordinated and integrated control of motorway networks via non-linear optimal control[J]. Transportation Research Part C: Emerging Technologies, 2002, 10(1): 65-84.

[33] PAPAMICHAIL I, KOTSIALOS A, MARGONIS I, et al. Coordinated ramp metering for freeway networks-A model-predictive hierarchical control approach[J]. Transportation Research Part C: Emerging Technologies, 2010, 18(3): 311-331.

[34] TAYLOR C M D J L. Fuzzy ramp metering-design overview and simulation results[J]. Transportation Research Record, 1998(1634): 10-18.

[35] M Z H. Freeway ramp metering using artificial neural network[J]. Transportation Research Part C,1997, 5:273-286.

[36] WEI C H W K Y. Applying an artificial neural network model to freeway ramp metering control[J]. Transportation Planning Journal,1996, 25(3):335-356.

[37] ZHANG H M. Coordinated traffic responsive ramp control via non-linear state feedback[J]. Transportation Research Part C,2001, 9(5):337-352.

[38] HAI Y S Y. Traffic Assignment and Traffic Control in General Freeway-Arterial CorridorSystem[J]. Transportation Research Part B,1994(28):463-486.

[39] KOTSIALOS A P M M M. Coordinated and integrated control of motorway networks via nonlinear optimal control[J]. Transportation Research Part C:Emerging Technologies,2002, 10(1):65-84.

[40] 徐天东,郝媛,孙立军.城市快速路交通诱导和匝道控制集成仿真模型[J].计算机工程与应用,2008(25):13-15.

[41] 杨晓光,蔡润林,庄斌.基于车牌自动识别系统的城市道路行程时间预测算法[J].交通与计算机,2005(3):29-32.

[42] 杨聚芬,姜桂艳,李琦.基于收费数据的高速公路交通拥挤自动判别方法[J].哈尔滨工业大学学报,2014(12):108-113.

[43] 姜桂艳,常安德,牛世峰.基于车牌识别数据的交通拥堵识别方法[J].哈尔滨工业大学学报,2011(4):131-135.

[44] 陆化普.交通规划理论与方法[M].2版.北京:清华大学出版社,2006.

[45] KOTSIALOS A, PAPAGEORGIOU M. Efficiency and equity properties of freeway network-wide ramp metering with AMOC[J]. Transportation Research Part C:Emerging Technologies,2004, 12(6):401-420.

[46] 魏明,杨方廷,曹正清.交通仿真的发展及研究现状[J].系统仿真学报,2003, 15(8):79-83.